Langenscheidts Schnellkurs

Let's Speak Englisch

Englisch lernen – leicht gemacht

Ein Schnellkurs
der BBC London

von Doug Case

LANGENSCHEIDT
BERLIN · MÜNCHEN · WIEN · ZÜRICH · NEW YORK

Dieser Schnellkurs basiert auf einem „English-by-Radio“-Kurs der British Broadcasting Corporation, der unter dem Titel „Let's Speak English“ gesendet wurde. Die deutsche Bearbeitung des Buches wurde von der Langenscheidt-Redaktion vorgenommen.

Die Hörfunk-Manuskripte wurden von Doug Case (Lektion 21–40) und John Milne (Lektion 1–20, 41–50) geschrieben. Die Sendungen produzierte Terry O'Neill. Die Songs wurden von Michael Klein komponiert und von ihm und Freya Hogue gesungen. Für die mündlichen Übungen zeichnet Tim Hodlin verantwortlich.

Illustrationen: David Cockroft

Druck: Druckhaus Langenscheidt, Berlin-Schöneberg
Printed in Germany · ISBN 3-468-**83910**-3
www.langenscheidt.de

2 3 4 5 · 06 05 04 03 02

VORWORT

Die „British Broadcasting Corporation" (BBC) mit über 100 Englisch-Kursen in Hörfunk und Fernsehen und dem weltweiten Vertrieb ihrer Bücher kann als die größte Sprachenschule in der Welt bezeichnet werden. Der Langenscheidt-Verlag ist der größte Spezialverlag für Wörterbücher und fremdsprachliche Lehrwerke; er setzte als erster (1906) die Schallplatte für das Erlernen von Fremdsprachen ein.
Gemeinsam bringen BBC und Langenscheidt den vorliegenden Sprachkurs „Let's Speak English" heraus. Die BBC erstellte den englischen Grundkurs, Langenscheidt besorgte die deutsche Bearbeitung.
„Let's Speak English" ist ein außergewöhnlicher Kurs, denn er ist

leicht und unterhaltsam

Hier ist endlich ein Kurs, der hält, was er verspricht. Der Lernende wird in kleinen, wirklich jedem zumutbaren Schritten in die englische Umgangssprache eingeführt. Die englischen Grundkenntnisse werden in einen Wechsel von lebendigen englischen Dialogen, eingehenden deutschen Erläuterungen, Übungen und Liedern vermittelt. Die Progression ist „sanft" ansteigend, d. h. echte sprachliche Schwierigkeiten sind auf viele Lerneinheiten verteilt worden, um den Lernenden nicht zu überfordern.

außergewöhnlich durch „Pop Songs"

Der Einsatz von Liedern zur gelegentlichen Auflockerung im Sprachunterricht ist nicht neu. Völlig neu ist jedoch die systematische Verwendung von Songs am Ende jeder Lektion, um Satzbaumuster und Lernziele auch musikalisch „einzuhämmern". Diese Neuigkeit wird besonders Jugendliche ansprechen und deren Motivation verstärken. Aber auch für den musikalisch nicht so Interessierten sind diese 50 Pop Songs von Nutzen, denn sie dienen auch als Hörverständnis- und Wiederholungsübungen.

außergewöhnlich durch die Qualität der CDs

Dialoge und Songs werden von der BBC London und anderen Rundfunkanstalten gesendet. Die Tonaufnahmen wurden für diese Sendungen entwickelt; sie sind daher von höchster Qualität.

methodisch fundiert

"Let's Speak English" entspricht den Anforderungen der Fremdsprachendidaktik, d. h. in diesem Kurs werden nicht nur Gesprächsstoffe abgehandelt, sondern jede Lektion wurde auf der Grundlage einer exakten didaktischen Systematik erarbeitet.
Für jede Lektion gibt es eine Aufstellung über die aktiv und passiv zu lernenden (Satz)Strukturen und Vokabeln. Passiv Gelerntes wird später aktiviert. Bereits aktiv Gelerntes wird nach einem genauen Plan „umgewälzt" (wiederholt). Darüber hinaus werden vollständige Wiederholungslektionen eingeschoben, die das bisher Erlernte zusammenfassen.
In zahlreichen schriftlichen Übungen (mit Schlüssel) kontrolliert der Lernende seinen Erfolg. Das Erlernen einer korrekten englischen Aussprache wird nicht allein dem Unterrichtsmittel CD überlassen. Überdies wird die Internationale Lautschrift im Lehrbuch durchgehend eingesetzt.

Bei den obengenannten Voraussetzungen kann der lernende Anfänger einen optimalen Lernerfolg erwarten. Aber auch jeder, der den Kurs zur Auffrischung oder bei der Nachhilfe benutzt, wird sich für diese Art des Lernens sicherlich schnell begeistern.

INHALTSVERZEICHNIS

EINLEITUNG

Die Aufforderung *Let's Speak English* richtet sich an alle, die die englische Umgangssprache erlernen oder ihre Englischkenntnisse auffrischen wollen. In 50 Lektionen behandelt dieser Kurs Grundlagen des Englischen und bietet dem Lernenden reichlich Gelegenheit, sich ohne Lehrer in den Gebrauch der Sprache einzuüben.

Der didaktisch aufbereitete Text folgt der sogenannten „direkten Methode", mit der Sie die englische Umgangssprache beinahe so leicht lernen wie englische Kinder in der Schule. Die CDs bieten eine lebensechte Unterhaltung von Engländern; selbst die Hindergrundgeräusche sind echt. Der unnachahmliche englische Humor in jeder Lektion sorgt dafür, daß keine Langeweile aufkommt und daß Sie die leichten Unsicherheiten, die am Anfang stets auftreten, wenn man eine fremde Sprache lernen will, rasch überwinden. Mit etwas Geduld sind Sie nach Beendigung des Kurses in der Lage, sich mit Engländern problemlos zu unterhalten.

Let's Speak English fordert Sie auf, Englisch *sprechen* zu lernen. Dazu müssen Sie die Sprache *hören*.

Buch und CDs bilden zusammen einen vollständigen Sprachkurs für den Selbstunterricht. Mit den CDs machen Sie sich zudem zeitlich unabhängig, und Sie haben die Möglichkeit, jede Textstelle beliebig oft zu hören, nachzusprechen, zu üben und Ihre Fortschritte zu kontrollieren.

Eine Besonderheit dieses Kurses sind die Lieder am Ende jeder Lektion. Sie sind nicht nur als „Belohnung" für Ihren Arbeitseifer gedacht, sondern können Ihnen helfen, eine anfängliche Scheu, sich in der fremden Sprache auszudrücken, schneller zu überwinden. Lernen Sie Text und Melodie dieses oder jenes Songs, der Ihnen besonders gut gefällt. Je öfter Sie ihn singen (oder für „Nichtsänger": sprechend wiederholen), desto selbstverständlicher wird Ihnen der Gebrauch des Englischen. Auch dabei helfen Ihnen die CDs.

Die Arbeit mit diesem Kurs

Da alle Lektionen den gleichen Aufbau haben, können wir am Beispiel der Lektion 1 unsere Vorschläge für die Arbeitsweise erläutern, die Sie dann in allen Lektionen anwenden können.
Was wird gelernt? ist die Frage, die am Anfang der Lektion beantwortet wird. Es werden Wörter und Ausdrücke vorgestellt, die im Mittelpunkt der Lektion stehen, und sie werden in einem kurzen Gespräch (Dialog) angewendet.
Nehmen Sie dies alles zunächst nur mit den Augen auf und prägen Sie sich das Schriftbild ein, ohne zu versuchen, das Gelesene zu sprechen. Das englische Schriftbild und die deutsche Übersetzung sind zunächst allein wichtig.
In dem folgenden Abschnitt *So wird's verständlich* finden Sie die notwendigen Erläuterungen. Auch hier geht es vorerst nur darum, das Gelesene zu verstehen. Alle grammatisch wichtigen Punkte werden hier erklärt.
Mit dem *Dialog 1* geht es nun zum ersten Mal um Hören und Sprechen. Stellen Sie sich vor, Sie platzen mitten in eine fröhliche Gesellschaft von Engländern, die gerade dabei sind, ein Ratespiel zu spielen, wie in Lektion 1. (Die Situation ist für jeden Dialog am Anfang mit ein oder zwei deutschen Sätzen kurz skizziert.) Hören Sie sich den Dialog 1 an, ohne dabei in Ihr Buch zu sehen. Vielleicht verstehen Sie sogar das eine oder andere daraus oder ahnen, worum es geht. Dann hören Sie sich den Dialog noch einmal an. Diesmal verfolgen Sie den Text im Buch.
Anschließend machen Sie sich mit den *Wörtern und Wendungen* vertraut, die zum Dialog 1 gehören. Prägen Sie sich die Aussprache – unter Zuhilfenahme der CD und der Lautschrift, deren Zeichen auf S. XIV ff erklärt sind – und die Bedeutung jedes Wortes und jeder Wendung fest ein. Dann hören Sie sich den Dialogtext noch einmal an, den Sie jetzt gut verstehen werden. Übersetzen Sie ihn ins Deutsche, dann merken Sie, ob irgend etwas noch nicht völlig klar ist.
Als nächsten Schritt hören Sie den Dialog satzweise ab und sprechen ihn Satz für Satz nach. Ahmen Sie die Aussprache und Satzmelodie der Sprecher genau nach.
Erst wenn Sie damit zufrieden sind, gehen Sie einen Schritt weiter: Sie hören ab, was eine der sprechenden Personen sagt, und Sie selbst

übernehmen die Rolle einer anderen sprechenden Person aus dem Dialog. Ihre Erwiderung überprüfen Sie jedesmal mit der CD. Hier ein Beispiel dafür: Sie übernehmen Johns Rolle aus dem ersten Dialog in Lektion 1.

1. CD einlegen und den entsprechenden Track ansteuern.
2. Sie sprechen Johns Worte: *Quiet, please. Quiet.*
3. CD starten; Sie hören Johns Worte zur Überprüfung, und Mary antwortet: *Quiet, please.*
4. Pausentaste drücken. Sie sprechen Johns Worte: *Let's play a game.*
5. CD weiter spielen lassen; sie wiederholt das Gesprochene zur Überprüfung usw.

Und schließlich lassen Sie sich den Text des Dialogs oder einen Teil davon von der CD in kleinen Abschnitten diktieren, schreiben das Gehörte nieder, ohne ins Buch zu sehen, und korrigieren anschließend Ihre Fehler.

Dialog 2 wird dann in gleicher Weise durchgearbeitet.

Der *Song* bietet Ihnen Gelegenheit zu entspannter Wiederholung. Er enthält – musikalisch verpackt – eine in der Lektion behandelte sprachliche Erscheinung, die Ihnen beim Singen wie von selbst eingeht. Hören Sie sich das Ganze an, suchen Sie den Inhalt mit Hilfe der neben dem Text gegebenen Erläuterungen zu verstehen und singen (oder sprechen) Sie dann einfach mit. Das fördert eine gute Aussprache. Übrigens, die Lektionsüberschrift ist immer der Titel des Songs aus der betreffenden Lektion; im Inhaltsverzeichnis können Sie also alle Titel finden.

In den abschließenden *Übungen* können Sie das Gelernte festigen und überprüfen. Wenn irgend möglich, arbeiten Sie mit einem Partner zusammen, wo es angeraten wird. Die meisten der Übungen lassen sich sowohl schriftlich wie mündlich bearbeiten. Sie sollten beides tun. Ihre Lösungen können Sie dann anschließend mit den auf den Seiten 325–333 abgedruckten Lösungen vergleichen.

Sie haben gesehen: die Arbeit mit den CDs bietet Ihnen den großen Vorteil der zeitlich unabhängigen und beliebig häufigen Wiederholung der verschiedenen Unterrichtsschritte.

Zur Aussprache

Genaues Zuhören und möglichst gutes Nachahmen des Gehörten sind die beiden wichtigsten Voraussetzungen für eine gute Aussprache. Worauf Sie beim Zuhören besonders zu achten haben, wollen wir Ihnen im folgenden erklären. Für eine gute Aussprache ist dreierlei von Bedeutung:

1. die Betonung oder der richtige Wechsel betonter und unbetonter Silben, wodurch die Sprache ihren eigentümlichen Rhythmus erhält;
2. der Tonfall oder das Heben und Senken der Stimme, was der Sprache ihre charakteristische „Melodie" verleiht;
3. der Lautcharakter oder die Art und Weise, wie die einzelnen Laute gebildet werden, die der Sprache ihre eigene Klangfarbe geben.

Wenn Sie diese drei Punkte beachten, wird Ihnen das richtige Nachahmen um so leichterfallen.

Zur Betonung

Die Silben englischer Wörter werden sehr verschieden betont. Betonte Silben werden stärker und lauter ausgesprochen als unbetonte. Da sich jedoch kaum Regeln für die Betonung englischer Wörter aufstellen lassen, müssen Sie die Betonung bei jedem neuen Wort, das Ihnen begegnet, lernen. In der Lautschrift, auf die wir im folgenden noch näher eingehen werden, ist die betonte Silbe durch ein davorstehendes Betonungszeichen ['] gekennzeichnet.
Neben der Betonung innerhalb des einzelnen Wortes ist auch die innerhalb des Satzzusammenhangs von Bedeutung. Manche Wörter, zum Beispiel Haupt-, Eigenschafts- und Zeitwörter, haben im Satz mehr Gewicht als andere. Gerade davon hängen richtiger Rhythmus und richtige Aussprache ab.

Zum Tonfall

Hier müssen wir uns auf einige Grundsätze beschränken, im übrigen kommt es auf möglichst genaues Nachahmen an.
Die Stimme kann am Satzende abfallen, besonders bei Aussagesätzen; oder sie kann ansteigen, vor allem bei Fragesätzen.
Die Stimme kann in einer höheren oder tieferen Lage einsetzen.
Der Ton kann innerhalb einer einzelnen Silbe ansteigen oder fallen oder auch innerhalb mehrerer Silben.
Stark betonte Wörter und Silben können in einer anderen Tonlage gesprochen werden als die vorausgehenden und folgenden.
Es ist sehr wichtig, auf das Steigen und Fallen der Stimme im Englischen zu achten.

Zum Lautcharakter

Da sich die Aussprache eines englischen Wortes nicht mit Sicherheit aus dessen Schreibweise ablesen läßt, benutzen wir eine Reihe von Zeichen, die die Aussprache eindeutig wiedergeben. Es sind die Zeichen der international anerkannten Lautschrift. Jedes Zeichen stellt einen bestimmten Laut dar; welchen, zeigen wir Ihnen in der nachfolgenden Aufstellung.

Die Zeichen der Internationalen Lautschrift

1. Allgemeine Zeichen

Die Lautschrift erscheint immer in eckigen Klammern: English ['iŋgliʃ].
Vor der betonten Silbe steht ein Betonungszeichen (Akzent) [']. Hinter einem langen Selbstlaut steht das Zeichen [ː].

2. Die englischen Selbstlaute (Vokale)

[ɑː] reines langes a wie in „Vater", „kam", „Schwan":

car	[kɑː]	Wagen, Auto
park	[pɑːk]	Park
far	[fɑː]	weit

[æ] heller, ziemlich offener, nicht zu kurzer Laut. Raum zwischen Zunge und Gaumen noch größer als bei ä in „Ähre":

man	[mæn]	Mann
can	[kæn]	kann
mass	[mæs]	Masse

[ʌ] kurzer, zwischen Hinter- und Mittelzunge gebildeter halboffener Laut ohne Lippenrundung, ähnlich dem a in „hatte":

cup	[kʌp]	Tasse
but	[bʌt]	aber
come	[kʌm]	kommen

[ə] flüchtiger Gleitlaut, ähnlich dem deutschen flüchtig gesprochenen e in „Gelage":

a	[ə]	ein(e)
London	['lʌndən]	London
Peter	['piːtə]	Peter

[əː] kommt im Deutschen nicht vor. Offenes, langes ö, etwa wie gedehnt gesprochenes ö in „Mörder", jedoch kein Vorstülpen und Runden der Lippen, kein Heben der Zunge:

were	[wəː]	war
sir	[səː]	mein Herr (Anrede)
work	[wəːk]	Arbeit

[ɔ] offener, kurzer Laut zwischen a und o; offener als das o in „Motte":

clock	[klɔk]	Uhr
box	[bɔks]	Schachtel
not	[nɔt]	nicht

[ɔː] offener, langer Laut zwischen a und o:

door	[dɔː]	Tür
four	[fɔː]	vier
law	[lɔː]	Gesetz

3. Die englischen Doppelselbstlaute (Diphthonge)

In allen englischen Doppelselbstlauten wird der erste Bestandteil stärker gesprochen als der zweite, der nur ein leichter Nachklang ist.

[ei] halboffenes e, nach i auslautend, wobei sich die Zunge halb zur i-Stellung hebt:

late	[leit]	spät
name	[neim]	Name
lane	[lein]	Gasse

[ai] helles, zwischen [ɑː] und [æ] liegendes a mit schwächer nachklingendem offenen i. Die Zunge hebt sich halb zur i-Stellung:

I	[ai]	ich
my	[mai]	mein
time	[taim]	Zeit

[au] helles, zwischen [ɑː] und [æ] liegendes a mit schwächer nachklingendem offenen u:

house	[haus]	Haus
now	[nau]	jetzt
loud	[laud]	laut

[iə] halboffenes, halblanges i mit nachklingendem [ə]:

here	[hiə]	hier
dear	[diə]	lieb
peer	[piə]	Pair

[ɛə] nicht zu offenes, halblanges ä mit nachklingendem [ə]; kommt nur vor stummem r vor:

square	[skwɛə]	Platz
hair	[hɛə]	Haar
air	[ɛə]	Luft

[uə] halboffenes, halblanges u mit nachklingendem [ə]:

poor	[puə]	arm
sure	[ʃuə]	sicher
tour	[tuə]	(Rund)Reise

[ɔi] offenes o mit nachklingendem schwächerem, offenem i. Die Zunge hebt sich halb zur i-Stellung:

boy	[bɔi]	Junge
annoyed	[əˈnɔid]	verärgert
royal	[ˈrɔiəl]	königlich

[əu] mit [ə] beginnend und in schwaches u auslautend. Keine Rundung der Lippen, kein Heben der Zunge:

go	[gəu]	gehen
so	[səu]	so
only	[ˈəunli]	nur

4. Die englischen Mitlaute (Konsonanten)

[l] a) vor Selbstlauten ist das englische l gleich dem deutschen:

lie	[lai]	liegen
English	['iŋgliʃ]	englisch

b) vor Mitlauten und im Auslaut klingt das englische l voller und dunkler:

hold	[həuld]	halten
full	[ful]	voll
double	['dʌbl]	doppelt

[r] wird nur vor Selbstlauten gesprochen. Es ist völlig verschieden vom deutschen, an der Zungenspitze oder am Zäpfchen gebildeten r. Die Zungenspitze bildet mit der oberen Zahnwulst eine Enge, durch die der Atemstrom mit Stimmton hindurchgetrieben wird. Dabei wird der Laut nicht gerollt, die Zungenspitze also nicht bewegt. Am Wortende wird r nur bei der Bindung (vgl. 6.) mit dem Selbstlaut am Anfang des nächsten Wortes gesprochen:

garden	['gɑ:dn]	Garten
run	[rʌn]	rennen, laufen
right	[rait]	recht(s), richtig
there is	[ðɛər‿'iz]	es ist, es gibt

[ŋ] wie ng in „singen", „fangen":

long	[lɔŋ]	lang
ring	[riŋ]	läuten
slang	[slæŋ]	Slang

[v] stimmhafter (weicher) Lippenlaut, wie in „Vase", „Ventil":

very	['veri]	sehr
every	['evri]	jeder
wives	[waivz]	(Ehe)Frauen

[w] aus der Mundstellung für u gebildetes flüchtiges w:

will	[wil]	will
queen	[kwi:n]	Königin
water	['wɔ:tə]	Wasser

[s] stimmloser (scharfer) Zischlaut, wie ß in „reißen", „Spaß":

glass	[glɑ:s]	Glas
summer	['sʌmə]	Sommer
sky	[skai]	Himmel

[z] stimmhafter (weicher, gesummter) Zischlaut, wie s in „sausen":

zoo	[zu:]	Zoo
is	[iz]	ist
rise	[raiz]	sich erheben

[ʃ] stimmloses (scharfes) sch, wie in „Tisch", „Schnee":

fish	[fiʃ]	Fisch
shop	[ʃɔp]	Laden
rich	[ritʃ]	reich

[ʒ] stimmhaftes (weiches, gesummtes) sch, wie in „Garage", „Genie":

measure	['meʒə]	messen
joke	[dʒəuk]	Spaß
bridge	[bridʒ]	Brücke

[θ] stimmloser (scharfer) Lispellaut, durch Anlegen der Zunge an die oberen Schneidezähne gebildet:

thank	[θæŋk]	danken
think	[θiŋk]	denken
tooth	[tu:θ]	Zahn

[ð] stimmhafter (weicher) Lispellaut, durch Anlegen der Zunge an die oberen Schneidezähne gebildet:

the	[ðə]	der, die, das
father	['fɑ:ðə]	Vater
breathe	[bri:ð]	atmen

5. Besonderheiten zu „b", „d", „g"

Am Wortende werden „b", „d" und „g" stimmhaft (weich) gesprochen, nicht wie im Deutschen stimmlos (hart: [p], [t], [k]):

deutsch:	ab	[ap]	und	[unt]	Sog	[zo:k]
englisch:	Bob	[bɔb]	and	[ænd]	egg	[eg]

6. Die Bindung

Im Gegensatz zum Deutschen werden im Englischen die einzelnen Wörter in der Aussprache nach Möglichkeit miteinander verbunden, vor allem dann, wenn an der Verbindungsstelle zweier Wörter Selbstlaut und Mitlaut zusammentreffen:

This is a book.	[ðis‿iz‿ə‿buk]	Dies ist ein Buch.
We are in a room.	[wi‿ɑ:r‿in‿ə‿rum]	Wir sind in einem Raum.

Zu den Anhängen

Am Schluß des Buches finden Sie eine Reihe von Anhängen, die Ihnen eine systematische Arbeit erleichtern sollen.
Die Liste der Sprachinhalte („Wie sagt man, wenn man –", S. 305) sagt Ihnen, wo Sie Ausdrucksmittel für bestimmte Themen, Situationen und Mitteilungen finden.
Eine Liste der Zeitwörter (S. 306–310) enthält alle regelmäßigen und unregelmäßigen Stammformen.
Mit Hilfe des Wörterverzeichnisses (S. 311–324) finden Sie Wörter, über deren Bedeutung, Aussprache und Anwendung Sie sich Gewißheit verschaffen wollen.
Der Schlüssel zu den Übungen (S. 325–333) hilft Ihnen bei der Beurteilung Ihrer eigenen Arbeit.
Damit wissen Sie alles für Ihre Arbeit Notwendige, für die wir Ihnen viel Freude und Erfolg wünschen.

LEKTION 1

Hallo and Goodbye

Was wird gelernt?

Hallo — Goodbye **I'm = I am**

Mary: Hallo.
John: Hallo. I'm John.
Mary: Hallo. I'm Mary.
John: Hallo.

Mary: Hallo.
John: Hallo. Ich bin John.
Mary: Hallo. Ich bin Mary.
John: Hallo.

So wird's verständlich:

Hallo: *Hallo* sagt man bei der formlosen Begrüßung. Es entspricht etwa unserm „Grüß dich!", wird im Englischen jedoch nicht nur unter Freunden und guten Bekannten verwendet.

I'm: *I'm* ist die verkürzte Form von *I am* und wird vor allem im gesprochenen Englisch gebraucht.
Das Wort *am* entspricht dem deutschen „bin". Also: *I am John.* = *I'm John.* = Ich bin John.

Dialog 1: Man or woman?

John und Mary wollen mit ein paar Freunden ein Ratespiel spielen.

John: Quiet, please. Quiet.
Mary: Quiet, please.
John: Let's play a game.
All: Yes. Yes.
Mike: What a good idea!
Mary: Let's play a guessing game.
All: Yes.
Anne: Yes, let's play a guessing game.
Mike: All right. What can we play?

John: I'll think of a film star, and you must guess who it is.
Mike: Yes, that's a good game.
John: Right! Who is it?
All: Man or woman?
Young or old?
English or American?
John: Quiet. Quiet, please.
Mike: Man or woman?
John: Man.
Mary: Man.
Anne: Young or old?
John: Old.
Anne: Old.
Mike: English or American?
John: American.
Mike: American.
Mary: Man. Old. American.
All: Cary Grant! Yul Brynner! Marlon Brando!
John: Quiet, please. Quiet.
Mary: Yul Brynner?
John: No.
Anne: Marlon Brando?
John: No.
Mike: Cary Grant?
John: Yes. Cary Grant.

Wörter und Wendungen

quiet ['kwaiət]	Ruhe
please [pli:z]	bitte
play [plei]	spielen
let's play ['lets 'plei]	spielen wir! wir wollen spielen!
a game [geim]	ein Spiel
all [ɔ:l]	alle
yes [jes]	ja
idea [ai'diə]	Idee
what a good idea! ['wɔt ə 'gud ai'diə]	was für eine gute Idee! eine gute Idee!
a guessing game ['gesiŋ geim]	ein Ratespiel
all right [ɔ:l 'rait]	gut, in Ordnung
what can we . . . ? ['wɔt kən wi]	was können wir . . . ?
think of ['θiŋk əv]	denken an
I'll think of . . . [ail 'θiŋk əv]	ich werde an . . . denken
a film star ['film stɑ:]	ein Filmstar
and [ænd, ənd]	und
you [ju(:)]	du
you must [ju 'mʌst]	du mußt
guess [ges]	raten
who it is ['hu: it 'iz]	wer es ist
good [gud]	gut
right [rait]	richtig
who is it? ['hu: 'iz it]	wer ist es?
man [mæn]	Mann
or [ɔ:]	oder
woman ['wumən]	Frau
young [jʌŋ]	jung
old [əuld]	alt
English ['iŋgliʃ]	englisch
American [ə'merikən]	amerikanisch; Amerikaner(in)
no [nəu]	nein

Dialog 2: Young or old?

Das Ratespiel geht weiter.

Mary: Quiet, please. Quiet.
John: Quiet, please.
Mary: I'll think of a film star this time.
John: Yes, that's a good idea.
Mary: Right! Who is it?
All: Man? Woman? Young? Old?
Mary: Quiet, please. Quiet.
John: Man or woman?
Mary: Man.
John: Man.
Mike: Young or old?

Mary: Old.
Mike: Old.
Pete: English?
Mary: No.
Anne: American!
Mary: No. Egyptian.
All: Omar Sharif.

Wörter und Wendungen

this time ['ðis taim]	diesmal	Egyptian [i'dʒipʃən]	ägyptisch; Ägypter(in)

Song: Hallo and Goodbye

Hallo, *friends,*	*Freunde*
Hallo, hallo,	
Hallo, friends, hallo.	
Hallo, friends, *it's so nice to meet you,*	*es freut mich sehr, euch zu sehen*
Hallo, friends, hallo.	

Hallo, Mary,
Hallo, hallo,
Hallo, Mary, hallo.
Hallo, Mary, it's so nice to meet you,
Hallo, Mary, hallo.

Goodbye, Mary,	*auf Wiedersehen!*
Goodbye, goodbye,	
Goodbye, Mary, goodbye.	
Goodbye, Mary, *it's so sad to leave you,*	*es ist so traurig, von dir fortzugehen*
Goodbye, Mary, goodbye.	

Goodbye, friends,
Goodbye, goodbye,
Goodbye, friends, goodbye,
Goodbye, friends, it's so sad to leave you,
Goodbye, friends, goodbye.

Übungen

1. Sehen Sie sich diesen Dialog noch einmal an:
   Mary: Hallo.
   John: Hallo, I'm John.
   Mary: Hallo, I'm Mary.
   John: Hallo.
   Und nun begrüßen Sie selber John, indem Sie Ihren Namen und *Hallo* an der richtigen Stelle einsetzen:

   . . . . : . . . .
   John: Hallo, I'm John.

   . . . . : . . . .
   John: Hallo.

2. Sehen Sie sich die Dialoge 1 und 2 noch einmal an. Denken Sie an einen Filmschauspieler, und spielen Sie das Ratespiel mit einem Partner – aber natürlich auf englisch, denn das können Sie jetzt schon. Fragen Sie also: *Man or woman? Young or old? English or American?*

LEKTION 2

I'm Tired

Was wird gelernt?

I'm . . . **Are you . . . ?**

John: Hallo, Mary.
Mary: Hallo, John.
John: Are you tired?
Mary: Yes, John. I'm tired.

John: Hallo, Mary.
Mary: Hallo, John.
John: Bist du müde?
Mary: Ja, John. Ich bin müde.

So wird's verständlich:

I'm: In Lektion 1 haben Sie *I'm* in Verbindung mit einem Namen kennengelernt und geübt. John stellte sich vor und sagte dabei: . . .
Richtig, er sagte *I'm John*. Er benutzte also die Kurzform von *I am John*, wie es in der gesprochenen Sprache üblich ist.
Am verbindet aber auch *I* mit einem Eigenschaftswort (Adjektiv). Mary ist müde und sagt: *I'm tired*. (Ich bin müde.)

you: Mit diesem Wort redet man im Englischen eine oder mehrere Personen an. Ganz gleich, ob man sie im Deutschen mit „du" oder „ihr" oder „Sie" anreden würde, im Englischen heißt es einfach *you*.

Are you . . . ? *Are* verbindet *you* (du, ihr, Sie) mit Namen oder Eigenschaftswörtern (Adjektiven). Man sagt: *I am tired*. (Ich bin müde.) und *You are tired*. (Du bist müde.) Im gesprochenen Englisch ist die Kurzform *You're* (*tired*) üblich.
In Fragen wird die Wortfolge umgekehrt. John fragt also: *Are you tired?* (Bist du müde?)
Als Beispiel hier einige Fragen und Antworten:

Are you *tired?*	**Yes, I'm** *tired*.
Are you *hungry?*	**Yes, I'm** *hungry*.
Are you *thirsty?*	**Yes, I'm** *thirsty*.

Dialog 1: I'm hungry, Mike.

Ein Mann und seine Frau kämpfen sich durch den Sturm nach Hause. Sie sind müde, hungrig und durstig.

Woman: Mike.
Man: Yes?
Woman: I'm tired, Mike. I'm tired. Are you tired?
Man: Yes, Jane. I'm tired too. But we'll soon be home. We can sleep then.
Woman: Mike.
Man: Yes?
Woman: I'm hungry, Mike. I'm hungry. Are you hungry too?

Man: Yes, I'm hungry too. But we'll soon be home. We can eat then.
Woman: Mike.
Man: Yes?
Woman: I'm thirsty, Mike. I'm thirsty. Are you thirsty too?
Man: Yes, Jane, I'm thirsty too. But we'll soon be home. We can drink then.
Pause
Man: Jane!
Woman: Yes?
Man: I'm tired.
Woman: Yes, Mike. I'm tired too.
Man: Are you hungry?
Woman: Yes, I'm hungry too. Are you?
Man: Yes, I'm hungry. And I'm thirsty
Woman: Yes, I'm thirsty too. But we'll soon be home. We can drink then. We can eat then. And we can sleep then.
Man: Yes, we'll soon be home.

Wörter und Wendungen

tired ['taiəd]	(er)müde(t)
too [tu:]	auch
but [bʌt, bət]	aber
we [wi(:)]	wir
soon [su:n]	bald
we'll soon be home [wi:l 'su:n bi 'həum]	wir werden bald zu Hause sein
sleep [sli:p]	schlafen
then [ðen]	dann
we can sleep then [wi kən 'sli:p ðen]	dann können wir schlafen
hungry ['hʌŋgri]	hungrig
eat [i:t]	essen
we can eat then	dann können wir

[wi kən 'i:t ðen]	essen	we can drink then [wi kən 'driŋk ðen]	dann können wir trinken
thirsty ['θə:sti]	durstig		
drink [driŋk]	trinken		

Dialog 2: I'm thirsty too.

Der Mann und die Frau sind zu Hause angekommen, da merkt sie, daß sie ihren Schlüssel nicht bei sich hat.

Woman: Mike!
Man: Yes?
Woman: I've forgotten my key.
Man: Oh no!
Woman: Yes, I've forgotten my key.
Man: We'll have to go back to the town.
Woman: Yes, we'll have to go back to the town.
Später
Woman: Mike!
Man: Yes?
Woman: I'm tired.
Man: I'm tired too.
Woman: I'm thirsty.
Man: I'm thirsty too.
Woman: I'm hungry.
Man: I'm hungry too. We'll be home tomorrow morning. We can drink then. We can eat then. We can sleep then.
Woman: Tomorrow morning! Oh no!

Wörter und Wendungen

my [mai]	mein(e)	to [tu, tə]	zu, in
key [ki:]	Schlüssel	town [taun]	Stadt
I've forgotten my key [aiv fə'gɔtn mai 'ki:]	ich habe meinen Schlüssel vergessen	we'll have to go back to the town [wi:l 'hæv tə 'gəu 'bæk tə ðə 'taun]	wir müssen in die Stadt zurückgehen
go back ['gəu 'bæk]	zurückgehen		

tomorrow [tə'mɔrəu]	morgen	tomorrow morning [tə'mɔrəu 'mɔ:niŋ]	morgen früh

Song: I'm tired

I'm tired, *oh so tired!* — *ach so müde*
I'm tired and *I want to* sleep, — *ich möchte*
I'm thirsty and I'm hungry,
And I want to drink and eat.
Sleep, drink and eat.

Are you tired? Are you tired?
I'm tired and I want to sleep.
You're thirsty and you're hungry
And I want to drink and eat.
Sleep, drink and eat.

I'm *happy*, oh so happy! — *glücklich*
I'm happy and I want to *sing*. — *singen*
I'm happy, oh so happy!
I want to sing *a happy song*. — *ein fröhliches Lied*
All day long, all day long. — *den ganzen Tag (lang)*

Übungen

1. Beantworten Sie diese Fragen nach dem Beispiel von a:
   a) Are you tired? — Yes, I'm tired.

   b) Are you hungry? — . . . .

   c) Are you thirsty? — . . . .

   d) Are you happy? — . . . .

   Richten Sie die gleichen Fragen an einen Partner.

2. Sehen Sie sich diesen Dialog nun noch einmal an:
John: Hallo, Mary.
Mary: Hallo, John.
John: Are you tired?
Mary: Yes, I'm tired.
Setzen Sie *hungry, thirsty, happy* in den Dialog ein und üben Sie das Gespräch mit einem Partner.

LEKTION 3

I'm Happy

Was wird gelernt?

How are you? — I'm very well, thank you. You're = You are

John: Hallo, Mary.	*John:* Hallo, Mary.
Mary: Hallo, John.	*Mary:* Hallo, John.
John: How are you today?	*John:* Wie geht's dir denn (heute)?
Mary: I'm very well, thank you.	*Mary:* Danke, mir geht's sehr gut.

So wird's verständlich:

How are you?: In Lektion 2 haben Sie *I'm tired* und die Frageform *Are you tired?* geübt. Dieses *Are you . . . ?* kommt auch bei der zwanglosen Begrüßung vor: *How are you?* (Wie geht es dir / Ihnen / euch?) Die Antwort ist dann (hoffentlich): *I'm very well,* und wenn man höflich ist, hängt man noch ein *thank you* an.
Thank you: Wie unser deutsches „Danke" ist *thank you* im Englischen eine der nützlichsten Wendungen, die man lieber einmal zu viel als zu wenig anwenden sollte.
You're: In Lektion 2 wurde gezeigt, daß *are* Bindeglied zwischen *you*

und Namen oder Eigenschaftswörtern ist, und Sie haben es in der Frageform *Are you . . . ?* geübt. In dieser Lektion finden Sie Beispiele für den Gebrauch in bejahenden Aussagesätzen.

Dialog: Now I'm happy.

Ein Mann ist mehrere Tage verreist gewesen. Gerade ist er wieder nach Hause gekommen, wo ihn seine Frau erwartet.

Man: Hallo, darling! Are you there?
Woman: Yes, I'm here. How are you? Did you have a good trip?
Man: I'm very well, thank you. But I'm hungry.
Woman: You're hungry. I'll get you something to eat.
Man: And I'm thirsty.
Woman: You're thirsty. I'll get you something to drink.
Man: Oh! I'm tired.
Woman: You're tired. Look, I'll cook you something nice, and then you can go to sleep.
Man: Mmm, good! Now I'm happy.
Woman: You're happy. Why?
Man: I'm happy because I'm home again.

Wörter und Wendungen

darling ['dɑ:liŋ]	Liebling	look, . . . [luk]	sieh (mal), . . .
are you there? ['ɑ: ju 'ðɛə]	bist du da?	cook [kuk]	kochen
		nice [nais]	lecker
here [hiə]	hier	go to sleep ['gəu tə 'sli:p]	schlafen gehen
trip [trip]	Reise		
did you have a good trip? [did ju 'hæv ə 'gud 'trip]	hast du eine gute Reise gehabt?	now [nau]	jetzt, nun
		why? [wai]	warum?
		because [bi'kɔ:z]	weil
		again [ə'gen]	wieder
something ['sʌmθiŋ]	etwas	I'm home again [əim 'həum ə'gen]	ich bin wieder zu Hause
I'll get you [ail 'get ju]	ich werde dir holen, ich hole dir		

Song: I'm happy.

I'm tired of being far from home,	*Ich bin es müde, weit von zu Hause fort zu sein. (Ich mag nicht mehr . . . fort sein.)*
I'm hungry and thirsty too,	
But now, I'm *happy to be back home,*	*froh, wieder zu Hause zu sein*
Yes, I'm happy to be *with you.*	*mit dir (zusammen), bei dir*
I'm happy *to have you by my side,*	*dich an meiner Seite zu haben*
No longer to be alone.	*nicht mehr allein zu sein*

I'm thirsty, I'm hungry and I'm tired,
But I'm happy to be back home.

I'm happy to be back home with you,
I'm happy to be back home.
I'm tired and thirsty and hungry too,
But I'm happy to be back home.
Yes, I'm happy to be with you.

Übungen

1. Sprechen Sie mit John und Mary und sagen Sie ihnen, wie Sie heißen:

   You're John. I'm . . . .

   You're Mary. . . . .

2. Begrüßen Sie Mary wie im ersten Beispiel:
   Hallo, John. How are you today?

   I'm very well, thank you

3. Erwidern Sie den Gruß und beantworten Sie die Frage:
   Hallo, how are you today?

   . . . .

   Are you happy?

   . . . .

4. Stellen Sie Ihrem Partner die Fragen.

LEKTION 4

My Love Is Young

Was wird gelernt?

He's = He is **She's = She is** **Is he . . . ?** **Is she . . . ?**

Mary: Hallo, John. Is Hans here?
John: No, he's in bed.
Mary: Is he tired?
John: No, he's ill.

Mary: Hallo, John. Ist Hans hier?
John: Nein, er ist im Bett.
Mary: Ist er müde?
John: Nein, er ist krank.

So wird's verständlich:

Is: Sie haben bisher die Wörter geübt, die *I* und *you* mit Namen oder Eigenschaftswörtern verbinden: *I am* und *you are*.
Nach *he* (er) und *she* (sie) erfüllt *is* den gleichen Zweck. Man sagt also: *He is tired.* (Er ist müde.) *She is tired.* (Sie ist müde.) Die Kurzformen beim Sprechen sind *he's* und *she's*.
Hier nun noch einmal zusammengefaßt die drei Formen, die Sie bisher kennengelernt haben:

I am	*tired.*	**I'm**	*tired.*
You are	*tired.*	**You're**	*tired.*
He is	*tired.*	**He's**	*tired.*
She is	*tired.*	**She's**	*tired.*

In der Frage wird – wie Sie bereits wissen – die Wortfolge umgekehrt:

Am I	. . . ?
Are you	. . . ?
Is he	. . . ?
Is she	. . . ?

Dialog 1: Is he young?

John und Mary wollen noch einmal das Ratespiel aus Lektion 1 spielen.

Mary: Quiet, please. Quiet.
John: Quiet, please.
Mary: We're going to play the guessing game again.
All: Good.
Mary: I'll think of a film star and you must guess who it is. Ready?
John: Man or woman?
Mary: Man.
Mike: Is he young?

Mary: No, he's old.
John: Is he American?
Mary: No, he's English.
All: Laurence Olivier? James Mason? Alistair Sim?
Mary: One at a time, please. One at a time.
John: Alistair Sim?
Mary: No.
Mike: James Mason?
Mary: No.
John: Laurence Olivier?
Mary: Yes.

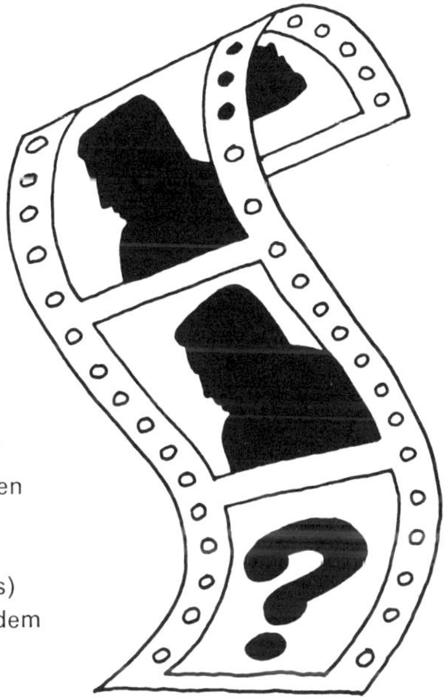

Wörter und Wendungen

we're going to play [wiə 'gəuiŋ tə 'plei]	wir werden/ wollen spielen
ready ['redi]	fertig, bereit
one [wʌn]	ein(e, -er, -s)
one at a time ['wʌn ət ə 'taim]	einer nach dem anderen

Dialog 2: Is she young?

Das Ratespiel geht weiter.

John: Now I'll think of a film star.
All: Man or woman?
Young or old?
English or American?
John: Quiet, please. One at a time.
Mary: Man or woman?
John: Woman.

Mike: Is she young?
John: No, she is old.
Mary: Is she English?
John: No.
Mike: Is she American?
John: No, she's German.
All: Marlene Dietrich!
John: Yes. Of course.

Wörter und Wendungen

German ['dʒəːmən]	deutsch; Deutsche(r)	of course [əv 'kɔːz]	natürlich

Song: My love is young.

My love is young, and she is pretty,	*meine Liebe, mein Liebling/Schatz*
She is pretty and she's *mine*.	*mein*
She is young. Oh, is she *pretty?*	*hübsch*
Yes, she's pretty and she's mine.	

My love is young, and he is *handsome,*	*gutaussehend*
He is handsome and he's mine.	
He is young. Oh, is he handsome?	
Yes, he's handsome and he's mine.	

My love is young, and she is handsome,
She is handsome and she's mine.
She is handsome – oh, so handsome!
Young and handsome,
And she's mine.

Übungen

1. Benutzen Sie folgende Wörter, um die Herkunft der Personen zu beschreiben, wie im Beispiel gezeigt: *English*, *American*, *German*, *Egyptian*.

   a) Omar Sharif — He's Egyptian.

   b) Laurence Olivier — He's English

   c) Cary Grant — He's American

   d) Marlene Dietrich — She's German

2. Bilden Sie Fragen und Antworten nach dem Beispiel:

   a) Omar Sharif — Is he German? — No, he's Egyptian.

   b) Laurence Olivier — Is he ..... American? — No, he's English

   c) Cary Grant — Is he ..... English? — No, he's American

   d) Marlene Dietrich — Is she ..... Egyptian? — No, she's German

3. Beantworten Sie nun folgende Fragen bejahend. Aber aufpassen dabei!

   a) Is he tired? — Yes, he's tired.

   b) Is he hungry? — Yes, he's hungry

   c) Is she thirsty? — Yes, she is thirsty

   d) Are you happy? — Yes, I'm happy.

   e) Are you English? — Yes, I'm English

   f) Is she German? — Yes, she's German

g) Are you Egyptian? ....

h) Is he John Smith? ....

Üben Sie die Fragen und Antworten mit einem Partner.

4. Spielen Sie mit Ihrem Partner noch einmal das Ratespiel und fragen Sie diesmal: *Is he old? Is she young? Is he English?* usw.

LEKTION 5

What Time Is It?

Was wird gelernt?

What time is it? — It's three o'clock. 1—6

Mary:	I'm here.	*Mary:*	Ich bin hier.
John:	You're late, Mary.	*John:*	Du kommst (zu) spät, Mary.
Mary:	Late? What time is it?	*Mary:*	(Zu) Spät? Wie spät ist es?
John:	It's three o'clock.	*John:*	Es ist drei Uhr.

So wird's verständlich:

It: In Lektion 4 kamen Fragen vor wie *Is he young?* und *Is she English? He* und *she* sind Fürwörter (Pronomen). *It* (es) ist ebenfalls ein Fürwort. Es wird immer dann gebraucht, wenn man sich nicht auf eine Person bezieht, sondern auf eine Sache. Während im Deutschen Sachen auch „männlich" oder „weiblich" sein können (der Tisch – er, die Kiste – sie), sind im Englischen alle Sachen auch sprachlich sächlich und erfordern als Fürwort *it*.

What time is it? Das Fürwort *it* erscheint auch – wie im Deutschen – in der Frage nach der Uhrzeit: *What time is it?* (Wie spät ist es?)

It's . . . o'clock: Die entsprechende Antwort, mit der man die Uhrzeit angibt, lautet dann: *It's one o'clock.* (Es ist ein Uhr.) *It's two o'clock.* (Es ist zwei Uhr.) usw.

Die ersten sechs Zahlen im Englischen sind:

1	**one**	[wʌn]	*4*	**four**	[fɔː]
2	**two**	[tuː]	*5*	**five**	[faiv]
3	**three**	[θriː]	*6*	**six**	[siks]

Dialog: What time is it?

Anne und Michael sind zu Hause und warten auf Peter, der zu ihnen zum Essen kommen soll.

Anne: What time is it?
Michael: It's two o'clock.
Anne: Peter is late.
Michael: Yes, he's late.
Anne: And I'm hungry.
Michael: Yes, I'm hungry too.
Es klopft an der Tür.
Anne: Peter's here. Go and open the door.
Michael geht die Tür öffnen und kommt zurück.
Anne: Peter?
Michael: No.
Anne: Oh, I'm hungry.
Später
Anne: What time is it?
Michael: It's three o'clock.
Anne: Peter's late.
Michael: Yes, he's late.
Anne: And I'm hungry.
Michael: Yes, I'm hungry too.
Es klopft wieder an der Tür.

Anne:	Peter's here. Go and open the door.
Michael:	Peter's here.
Anne:	Hallo, Peter. How are you?
Peter:	Hallo, Anne. I'm very well, thank you. How are you?
Anne:	You're late, Peter.
Peter:	Yes, I'm late. I'm sorry.
Michael:	Never mind. It's time to eat.
Anne:	Oh dear!
Michael:	What's wrong, Anne?
Anne:	I've forgotten to cook any food. You'll have to wait.

Wörter und Wendungen

late [leit]	spät
(early ['ə:li]	früh)
go [gəu]	gehen; gehe! geht! gehen Sie!
open ['əupən]	öffnen; öffne! öffnet! öffnen Sie!
door [dɔ:]	Tür
go and open the door ['gəu ənd 'əupən ðə 'dɔ:]	gehe die Tür öffnen!
I'm sorry [aim 'sɔri]	(es) tut mir leid
never mind ['nevə 'maind]	macht nichts
it's time to eat [its 'taim tə 'i:t]	es ist Zeit zum Essen
oh dear! ['əu 'diə]	du meine Güte! o je!
what's wrong? [wɔts 'rɔŋ]	was ist los?
cook [kuk]	kochen
food [fu:d]	Essen
I've forgotten to cook any food [aiv fə'gɔtn tə 'kuk 'eni 'fu:d]	ich habe vergessen, etwas zu essen zu machen
wait [weit]	warten; warte! wartet! warten Sie!
you'll have to wait [ju:l 'hæv tə 'weit]	ihr werdet warten müssen

Song: What time is it?

Time is quickly passing by,	*Die Zeit geht schnell vorbei,*
The sun is moving through the sky.	*die Sonne bewegt sich am Himmel.*

'What time is it?' *You hear them say,*

And soon there comes another day.

man hört/du hörst sie sagen
Und bald beginnt ein neuer Tag.

It's one o'clock, and *then* it's two,
And then it's three, and soon it's four.
'What time is it?' You hear them say,
And soon there comes another day.

dann

It's three o'clock and then it's four,
And time *is knocking at my door.*

klopft an meine Tür

'What time is it?' You hear them say,
And soon there comes another day.
'What time is it?' You hear them say,
And soon there comes another day.

Übungen

1. Schreiben Sie Fragen und Antworten nach dem ersten Beispiel auf:

a) 

What time is it?
It's four o'clock.

b) 

. . . .

. . . .

c) 

. . . .

. . . .

d)  . . . .

. . . .

e)  . . . .

. . . .

f)  . . . .

. . . .

Üben Sie Fragen und Antworten mit einem Partner.

2. Setzen Sie *am, is* oder *are* ein:

a) John . . . . tired. d) She . . . . thirsty. g) It . . . . three o'clock.

b) I . . . . happy. e) I . . . . sorry. h) He . . . . American.

c) You . . . . late. f) Mary . . . . English.

3. Setzen Sie in diese Fragen *am, is* oder *are* ein:

a) . . . . you tired? c) What time . . . . it? e) . . . . you happy?

b) . . . he American? d) . . . . I late?

LEKTION 6

It's Eight o'Clock

Was wird gelernt?

What time is it, please? — It's seven o'clock. It's = It is. 7—12

John:	Mary!	*John:*	Mary!
Mary:	Yes?	*Mary:*	Ja?
John:	What time is it, please?	*John:*	Wie spät ist es, bitte?
Mary:	It's late. It's seven o'clock.	*Mary:*	Es ist spät. Es ist sieben Uhr.

So wird's verständlich:

Please: Mit einem *please* (bitte) klingt jede Frage gleich viel freundlicher.

It's: Als in Lektion 5 das Fürwort *it* eingeführt wurde, haben Sie gelernt, daß es immer dann verwendet wird, wenn es sich nicht um Personen handelt, sondern um Sachen. Auch bei der Angabe der Uhrzeit und bei einer Reihe von anderen unpersönlichen Wendungen wird es gebraucht. Hier einige Beispiele für solche Ausdrücke:

it's late	es ist spät	*it's frightening*	es ist beängstigend
it's cold	es ist kalt	*it's nothing*	es ist nichts
it's morning	es ist morgens	*it's a lovely day*	es ist ein schöner Tag

Mehr davon in dieser Lektion.

Seven: Die Zahlen von sieben bis zwölf:

7	**seven**	['sevn]	*10*	**ten**	[ten]
8	**eight**	[eit]	*11*	**eleven**	[i'levn]
9	**nine**	[nain]	*12*	**twelve**	[twelv]

Dialog: It's cold and it's late.

Zwei Freunde, Jack und Peter, sind spazierengegangen und haben sich dabei verlaufen. Sie müssen die Nacht in einem fremden leerstehenden Haus verbringen.

Jack: What time is it, Peter?
Peter: It's late. It's eleven o'clock at night.
Jack: It's cold.
Peter: And it's frightening.
Jack: I'm tired.
Peter: Let's sleep.
Jack: Yes, let's sleep.
Später
Jack: Listen! What is it?
Peter: It's nothing. It's only the wind. Let's sleep.
Später
Jack: Peter, what time is it?
Peter: It's three o'clock in the morning.
Jack: It's late.
Peter: Yes, it's late. Let's sleep.
Jack: Listen, Peter.
Peter: Eh?
Jack: Listen! What is it?
Peter: It's nothing. It's only the wind. Let's sleep.

Wörter und Wendungen

night [nait]	Nacht	morning ['mɔ:niŋ]	Morgen
at night [ət 'nait]	nachts	in the morning [in ðə 'mɔ:niŋ]	am Morgen
let's sleep [lets 'sli:p]	schlafen wir, wir wollen schlafen	eh? [ei]	wie? (wenn man nicht richtig verstanden hat)
listen ['lisn]	horch!		
only ['əunli]	nur		
wind [wind]	Wind		

Song: It's eight o'clock.

The sun *is shining* in the sky, — *scheint*
It's a happy, lovely day.
It's eight o'clock in the morning,
And it's time *to be on my way*, — *unterwegs zu sein*
On my way.

It's eight o'clock in the morning,
The sky is *so bright and clear*, — *so hell und klar*
It's eight o'clock in the morning,
And it's time *to be leaving* here, — *wegzugehen, aufzubrechen*
Leaving here.

It's eight o'clock in the morning
It's another happy day,
It's eight o'clock in the morning,
And it's time to be on my way,
On my way.

Übungen

1. Schreiben Sie Fragen und Antworten, wie im Beispiel gezeigt:

a) 

It's ten o'clock.
What time is it?

b)  . . . .

. . . .

c)  . . . .

. . . .

d)  . . . .

. . . .

e)  . . . .

. . . .

f)  . . . .

. . . .

Üben Sie Fragen und Antworten mit einem Partner.

2. Sprechen Sie diese Zahlen auf englisch laut aus:

10 3 7 11 2

5 6 8 4 12 1 9

3. Zählen Sie auf englisch von eins bis zwölf und dann umgekehrt von zwölf bis eins.

4. Setzen Sie die fehlenden Wörter ein:

a) *Jack:* . . . . . . time . . . . . . it?

b) *Jill:* . . . . . . late, ... eleven o'clock.

c) *Jack:* . . . . . . you tired?

d) *Jill:* Yes, Jack, ... tired.

LEKTION 7

We Are Happy

Was wird gelernt?

Are we . . . ?   We're = We are   How far . . . ?   13—19

John:	What time is it?	*John:*	Wie spät ist es?
Mary:	It's eight o'clock. Are we late?	*Mary:*	Es ist acht Uhr. Sind wir zu spät dran?
John:	Yes, we're late.	*John:*	Ja, wir haben uns verspätet.
Mary:	Oh dear!	*Mary:*	O je!

So wird's verständlich:

We're: In Lektion 1–6 haben Sie die Ausdrücke *I am, you are, he is, she is* und *it is* kennengelernt. Nach *we* steht *are* als Bindeglied zu Namen und Eigenschaftswörtern. Es heißt also z. B. *We are tired.* (Wir sind müde.) *We are thirsty.* (Wir haben Durst.) usw.
We're ist die Kurzform im gesprochenen Englisch. Beim Sprechen benutzt man hier wie bei allen anderen Fürwörtern + *am, are, is* die Vollform nur dann, wenn man mit besonderem Nachdruck spricht.

Are we . . . ? Fragen werden – wie Sie gelernt haben – durch Umkehrung der üblichen Wortfolge gebildet.

13—19: Die Zahlen von 13 bis 19 sind:

13	**thirteen**	['θə:'ti:n]	*17*	**seventeen**	['sevn'ti:n]
14	**fourteen**	['fɔ:'ti:n]	*18*	**eighteen**	['ei'ti:n]
15	**fifteen**	['fif'ti:n]	*19*	**nineteen**	['nain'ti:n]
16	**sixteen**	['siks'ti:n]			

Dialog 1: We're late.

Ein Mann und seine Frau fahren mit dem Auto in eine kleine Stadt, nach Barford, wo sie eine Verabredung haben. Sie waren noch nie dort und haben sich schon verspätet.

Man: We're late.
Woman: Yes, we're late.
Man: What time is it?
Woman: Six o'clock.
Man: Six o'clock! We *are* late.
Woman: How far are we from Barford?
Man: I don't know.
Woman: Well, stop and ask someone.
Man: All right. All right.
Sie halten an.

Man: Excuse me.
Stranger: Yes?
Man: How far are we from Barford?
Stranger: Barford?
Man: Yes. Barford.
Stranger: Five miles.
Man: Five miles?
Stranger: Yes, five miles.
Man: Thank you.
Stranger: That's all right. Goodbye.
Man: Goodbye.

Wörter und Wendungen

far [fɑ:]	weit
how far? ['hau 'fɑ:]	wie weit?
how far are we from Barford? ['hau 'fɑ:r 'ɑ: wi frəm 'bɑ:fəd]	wie weit sind wir von Barford weg? wie weit ist es noch bis B.?
know [nəu]	weiß; wissen
I don't know [ai 'dəunt 'nəu]	ich weiß nicht
stop [stɔp]	halte an! anhalten
ask [ɑ:sk]	frage! fragen
someone ['sʌmwʌn]	jemand
excuse me, ... [iks'kju:z mi]	Entschuldigen Sie bitte, ... *(Es ist üblich, eine Frage an einen Fremden so zu beginnen.)*
mile(s) [mailz]	Meile(n) *(5 Meilen sind etwa 8 Kilometer, 1 Meile also 1,6 Kilometer. Obwohl auch in England allmählich das metrische System eingeführt wird, werden Entfernungen immer noch in Meilen angegeben.)*
that's all right ['ðæts ɔ:l 'rait]	keine Ursache, schon gut
stranger ['streindʒə]	Fremder

one mile (eine Meile), **five miles** (fünf Meilen): im Englischen bildet man die **Mehrzahl** (den Plural) in der Regel durch Anhangen von **-s** an die Einzahl (den Singular). Es gibt einige Wörter, die eine Ausnahme machen, doch ist die *s*-Mehrzahl die bei weitem häufigste Form.

Dialog 2: How far are we from Barford now?

Der Mann und die Frau haben Barford noch immer nicht gefunden.

Woman: We're late.
Man: Yes, we *are* late.
Woman: How far are we from Barford now?
Man: I don't know.
Woman: Well, stop and ask someone.
Man: All right.
Sie halten.
Excuse me.
Stranger: Yes?
Man: How far are we from Barford?
Stranger: Barford?
Man: Yes, Barford.
Stranger: Nineteen miles.
Man: Nineteen miles!
Woman: How far?
Man: Nineteen miles.
Woman: Oh no!
Man: What's wrong?
Woman: We're going the wrong way.
Man: We're going the wrong way.
Stranger: Yes. Barford's in the other direction!

Wörter und Wendungen

wrong [rɔŋ]	falsch, verkehrt
the wrong way [ðə 'rɔŋ 'wei]	die verkehrte Richtung
we're going the wrong way [wiə 'gəuiŋ ðə 'rɔŋ 'wei]	wir fahren in der falschen Richtung; wir sind nicht auf dem richtigen Weg
direction [di'rekʃən]	Richtung
in the other direction [in ði 'ʌðə di'rekʃən]	in der anderen Richtung

Song: We are happy.

When we're young and seventeen,	*wenn*
We are happy, *life is fine.*	*das Leben ist schön*
Girl-friends, boy-friends,	*Freundinnen, Freunde*
pop-song, day-dreams,	*Pop-Song, Tagträume*
We are *busy all the time.*	*immerzu (die ganze Zeit) beschäftigt*
When we're *thirty, forty, fifty,*	*dreißig, vierzig, fünfzig*
We are busy, life is fine.	
Children, housework, bills and more bills,	*Kinder, Hausarbeit, Rechnungen über Rechnungen*
We *are working* all the time.	*arbeiten, bei der Arbeit sein*
When we're *eighty, going on ninety,*	*achtzig, auf die neunzig zugehen*
We are happy, life is fine.	
Old friends, *letters, phone-calls, postcards,*	*Briefe, Telefongespräche, Postkarten*
We are happy all the time.	

Übungen

1. Setzen Sie *am, is* oder *are* ein:

a) You . . . . . late.
b) He . . . . . American.
c) I . . . . . tired.
d) It . . . . . six o'clock.
e) We . . . . . hungry.
f) She . . . . . happy.
g) It . . . . . cold.
h) We . . . . . late.

2. Setzen Sie nun *am*, *is* oder *are* in diese Fragen ein:

a) . . . . . he German? c) . . . . . it three o'clock? e) . . . . . I late?

b) . . . . . we late? d) . . . . . you thirsty?

3. Sehen Sie sich an, wie aus der Aufschrift auf dem Wegweiser: *Barford/5 miles* Frage und Antwort gebildet werden:
Man: How far are we from Barford?
Woman: Five miles. We're five miles from Barford.
Nun bilden Sie ähnliche Fragen und Antworten mit folgenden Orts- und Entfernungsangaben aus London:
a) London Airport / 15 miles. c) Oxford Street / 3 miles.
b) Hyde Park / 4 miles. d) Piccadilly Circus / 19 miles.
Üben Sie Fragen und Antworten mit einem Partner.

LEKTION 8

How Much Are They?

Was wird gelernt?

Are they . . . ? They're = They are How much . . . ? 20—60

John: They're nice apples.
Mary: Yes.
John: Are they dear?
Mary: No, they're cheap.

John: Das sind schöne Äpfel.
Mary: Ja.
John: Sind sie teuer?
Mary: Nein, sie sind billig.

So wird's verständlich:

They are: Als letztes der Fürwörter lernen Sie jetzt *they* (sie) kennen. Es wird für Personen und Sachen gebraucht. Wie *you* und *we* wird es durch *are* mit Namen und Eigenschaftswörtern verbunden.

Die Kurzform – beim Sprechen – ist *they're*. Und in der Frage wird die Wortfolge wieder umgekehrt: *are they . . .?*

20—60: Hier sind weitere Zahlen, diesmal die Zehner von 20 bis 60:

20	**twenty**	['twenti]	*50*	**fifty**	['fifti]
30	**thirty**	['θə:ti]	*60*	**sixty**	['siksti]
40	**forty**	['fɔ:ti]			

Bei den Zahlen zwischen den Zehnern ist es gerade umgekehrt wie im Deutschen, wo zunächst die Einer und dann die Zehner gesprochen werden: *ein*undzwanzig : *twenty*-**one.** Hier sind weitere Beispiele:

21	**twenty-one**	['twenti'wʌn]	*46*	**forty-six**	['fɔ:ti'siks]
27	**twenty-seven**	['twenti'sevn]	*53*	**fifty-three**	['fifti'θri:]
34	**thirty-four**	['θə:ti'fɔ:]	*69*	**sixty-nine**	['siksti'nain]

Dialog 1: How much are the apples?

Peter und Jane sind beim Einkaufen. Peter möchte etwas Obst kaufen.

Peter: I want some apples, Jane.
Jane: Apples?
Peter: Yes, they're cheap.
Jane: Oh, look. They're nice apples.
Peter: Oh yes, they *are* nice. How much are they?
Jane: Excuse me! Those apples. How much are they?

Shopkeeper: They're cheap. Thirty pence for six.
Jane: Yes, they *are* cheap. Five pence for one.
Peter: I want three.
Jane: Can I have three apples, please?
Shopkeeper: Certainly, madam. Here you are. Three apples.
Jane: Thank you. How much?
Shopkeeper: Eighteen pence, please.
Peter: Eighteen pence! But three fives are fifteen.
Jane: Yes. Three fives are fifteen.
Shopkeeper: Thirty pence for six, madam. But six pence for one. Three sixes are eighteen. Eighteen pence, please.
Peter: Six pence for one. Oh, they're dear.
Jane: Yes, they *are* dear.
Peter: We'll buy something else.

Wörter und Wendungen

want [wɔnt]	möchte (... haben)
I want some apples [ai 'wɔnt sʌm 'æplz]	ich möchte Äpfel haben
nice [nais]	schön
shopkeeper ['ʃɔpki:pə]	Ladeninhaber
how much ...? ['hau 'mʌtʃ ...]	wieviel ...?
how much is it? ['hau 'mʌtʃ 'iz it]	Wieviel kostet ...?
how much are they? ['hau 'mʌtʃ 'ɑ: ðei]	Wieviel kosten ...?
pence [pens]	Pence *(Preisangabe. 100 Pence sind ein englisches Pfund.)*
for [fɔ:, fə]	für
thirty pence for six ['θə:ti 'pens fə 'siks]	sechs *(Stück)* kosten dreißig *(Pence)*
can [kæn, kən]	kann
can I have [kən ai 'hæv]	kann ich haben/bekommen?
certainly ['sə:tnli]	gewiß, sicher
madam ['mædəm]	meine Dame
here you are ['hiə ju 'ɑ:]	hier, bitte *(Beim Überreichen der Ware/des Geldes.)*
three sixes are eighteen ['θri: 'siksiz ɑ:r 'ei'ti:n]	dreimal sechs *(eigentlich „drei Sechsen")* sind achtzehn; (Wörter, die auf *-x, -ch, -s* und zum Teil auch *-o* enden, bilden die Mehrzahl auf *-es.*)
buy [bai]	kaufen
we'll buy [wi:l 'bai]	wir (werden) kaufen
we'll buy something else [wi:l 'bai 'sʌmθiŋ 'els]	wir kaufen etwas anderes

Dialog 2: How much are the bananas?

Peter und Jane sehen sich Bananen an.

Jane:	Look at those bananas. They are nice.
Peter:	How much are they? Are they cheap?
Jane:	Excuse me. Those bananas. How much are they, please?
Shopkeeper:	Four pence for one.
Peter:	They're cheap.
Jane:	Yes, they *are* cheap.
Peter:	I want six.
Jane:	Can I have six bananas, please?
Shopkeeper:	Certainly, love. Here you are. Six bananas.
Jane:	Thank you. How much?
Peter:	Twenty-four pence, of course.
Shopkeeper:	No, ducky. Four pence for one, but six for twenty pence.
Jane:	Oh, they're cheap.
Peter:	Yes, they *are* cheap. I want twelve bananas.
Jane:	Twelve bananas!
Peter:	Yes, they're cheap.

Wörter und Wendungen

look at ['luk ət]	sieh dir an! sich ansehen
those [ðəuz]	die da, jene
banana [bə'nɑ:nə]	Banane
love, ducky [lʌv, 'dʌki]	„Liebling", meine Liebe *(hier ungeniert vertrauliche Anrede von Verkäufern, Marktfrauen usw.)*

Song: How much are they?

Oranges, pears and apples. How much are they? *Orangen, Birnen*
Oranges, pears and apples. Are they cheap today?
Oranges, pears and apples. They're dear today.
Six for sixty-six pence. It's *too much to pay.* *zuviel zu bezahlen, zu teuer*

What about bananas? How much are they?	*Wie wär's mit Bananen?*
What about bananas? Are they cheap today?	
You can have bananas. They're cheap today.	*Sie können ... haben*
You can have bananas. It's *not much to pay.*	*nicht viel zu bezahlen, nicht teuer*
I want twelve bananas. They're cheap today.	
I want twelve bananas. How much are they?	
You'll have twelve bananas. They're cheap today.	*Sie werden ... haben*
Twelve for forty-eight pence. *But who is to pay?*	*Aber wer soll (das) bezahlen?*

Übungen

1. Üben Sie die englischen Zahlen, die Sie bereits kennen. Sprechen Sie laut:

   57 24 46

   38 61

2. Sprechen Sie diese Multiplikationsaufgaben laut und schreiben Sie sie auf:
   a) 3×5 Three fives are fifteen.

   b) 6×4 ....

   c) 2×9 ....

   d) 11×6 ....

   e) 8×5 ....

3. Sehen Sie sich das Bild und den Dialog an:

Peter: Those apples are nice.
Jane: Yes, and they are cheap, too.
Peter: How much are they?
Jane: Thirty pence for six.

Denken Sie sich ähnliche Dialoge zu diesen Bildern aus:

Üben Sie die Dialoge mit einem Partner.

4. Bilden Sie nach dem Beispielsatz weitere Sätze:
   a) John's happy. Mary's happy. They're happy.
   b) Laurence Olivier is English.
   James Mason is English. . . . .
   c) Anne's tired. Peter's tired. . . . .
   d) Cary Grant is American.
   Yul Brynner is American. . . . .
   e) Mary's hungry. Anne's hungry. . . . .

LEKTION 9

So Am I

Was wird gelernt?

So am I **I want . . .** **Half past two** **70—199**

Mary:	It's hot today.	*Mary:*	Es ist heiß heute.
John:	Yes, it *is* hot!	*John:*	Ja, es ist wirklich heiß!
Mary:	I'm thirsty.	*Mary:*	Ich habe Durst.
John:	So am I. I want some tea.	*John:*	Ich auch. Ich möchte Tee (trinken).

So wird's verständlich:

It's: Dies ist ein weiteres Beispiel für *it* am Beginn einer unpersönlichen Aussage, wie Sie es in Lektion 6 kennengelernt haben. Sicher ist Ihnen aufgefallen, daß John hier nicht die Kurzform *It's hot* verwendet, sondern die volle Form *It is hot*, um dem Gesagten mehr Nachdruck zu verleihen: „Es ist wirklich heiß."

So am I: John stimmt Mary zu. Als sie davon spricht, daß sie durstig ist, sagt er, daß er auch durstig ist; sie sagt *I'm thirsty*, er erwidert *So am I* „(das bin) ich auch".

Hier noch zwei Beispiele dazu:

Mary:	**I'm** *hungry.*	*John:*	**So am I.**
Mary:	**I'm** *tired.*	*John:*	**So am I.**

I want: Hier begegnet Ihnen das Fürwort *I* in Verbindung mit dem Zeitwort (Verb) *want: I want some tea*. „Ich möchte (etwas) Tee (haben/trinken)." Sie erinnern sich, wie Peter in Lektion 8 sagte *I want some apples*. und *I want twelve bananas*. In einer späteren Lektion werden Sie mehr über *want* hören. Vorläufig genügt es zu wissen, daß es in Verbindung mit *I* auftritt und „ich möchte (haben)" bedeutet.

70—199: Hier sehen Sie die noch fehlenden Zehnerzahlen bis 100:

70	**seventy**	['sevnti]	*90*	**ninety**	['nainti]
80	**eighty**	['eiti]	*100*	**one hundred**	['wʌn 'hʌndrəd]

Nach *one hundred* schließt man Einer und Zehner mit *and* (und) an, zum Beispiel:

102 *one hundred* **and two**
135 *one hundred* **and thirty-five**
164 *one hundred* **and sixty-four**
198 *one hundred* **and ninety-eight**

Dialog 1: I'm thirsty. — So am I.

Tom ist mit seiner Frau Jane und deren Schwester Kate einkaufen gegangen. Sie hören eine Uhr schlagen.

Kate: What time's that, Jane?
Jane: It's half past twelve, Kate.
Tom: Yes, it's half past twelve, and it's hot.

Jane: Yes, it *is* hot.
Kate: And I'm thirsty.
Jane: So am I. I'm thirsty too.
Kate: And I'm tired.
Jane: So am I. Tom, we're tired and we're thirsty.
Tom: So am I. Let's go into a café.
Jane: / *Kate:* Good idea!
Tom: Ah! Here's a café. Let's go in.
Sie gehen hinein und setzen sich.
Jane: I want coffee.
Kate: I want tea.
Tom: And I want lemonade.
Waiter: Yes?
Tom: One tea, one coffee and one lemonade, please.
Waiter: Sorry, sir. No tea.
Tom: Oh.
Kate: I want coffee, then.
Tom: Two coffees and one lemonade, please.
Waiter: Sorry, sir. No coffee.
Tom: Oh.
Jane: I want lemonade, then.
Kate: And I want lemonade too.
Tom: Three lemonades, please.
Waiter: Sorry, sir. No lemonade.
All: What?
Waiter: It's half past twelve, you see. We only serve lunch between twelve o'clock and two.
Jane: / *Kate:* / *Tom:* Oh no!

Wörter und Wendungen

half past twelve ['hɑ:f 'pɑ:st 'twelv]	halb eins („halb nach zwölf")	café ['kæfei]	Café, Restaurant
into ['intu, 'intə]	in (. . . hinein)	let's go into a café [lets 'gəu 'intə ə 'kæfei]	gehn wir (doch) in ein Café

let's go in [lets 'gəu 'in]	gehn wir (mal) rein	no tea ['nəu 'ti:]	(es ist) kein Tee (mehr da)
coffee ['kɔfi]	Kaffee	then [ðen]	dann
tea [ti:]	Tee	all [ɔ:l]	alle
lemonade [lemə'neid]	Limonade	what? [wɔt]	was? (was sagen Sie da?)
waiter ['weitə]	Ober, Kellner	you see [ju 'si:]	Sie verstehen
sir [sə:]	mein Herr *(so reden Ober, Verkäufer usw. männliche Kunden an)*	only ['əunli]	nur
		serve [sə:v]	servieren
		lunch [lʌntʃ]	(Mittag)Essen
		between [bi'twi:n]	zwischen

Dialog 2: One pound and eighty-six pence!

Tom, Kate und Jane sitzen immer noch in dem kleinen Restaurant.

Tom: No tea, no coffee, no lemonade.
Waiter: You can have tea –
Kate: Tea! I want tea.
Waiter: And coffee –
Jane: Coffee! I want coffee.
Waiter: And lemonade –
Tom: Lemonade! I want lemonade.
Waiter: If you pay for lunch.
Kate: Pay for lunch?
Tom: How much?
Waiter: Sixty-two pence for one lunch.
Jane: Three sixty-two's are –
Tom: One hundred and eighty-six pence.
Kate: Yes, one pound and eighty-six pence.
Tom: What?
Jane: What?
Kate: One pound and eighty-six pence . . . for one tea –
Jane: And one coffee –
Tom: And one lemonade.
Jane: No, thank you.
Kate: No, thank you.
Tom: We'll go somewhere else.

Wörter und Wendungen

you can have . . . [ju kən 'hæv]	Sie können . . . haben	we'll go [wi:l 'gəu]	wir (werden) gehen
if [if]	wenn, falls	we'll go somewhere else [wi:l 'gəu 'sʌmwɛə 'els]	wir gehen woanders hin
pay for ['pei fə]	bezahlen (für)		
go [gəu]	gehen		

Song: So am I.

I'm thirsty. – So am I.	
I'm thirsty. – So am I.	
And *what shall we do?*	*was sollen wir tun?*
Drink some tea. – *So will I.*	*(das werde) ich*
Drink some tea. – So will I.	*auch (tun)*
I'll drink some tea with you.	*ich werde trinken*

I'm happy. – So am I.
I'm happy. – So am I.
And what shall we do?
Sing a song. – So will I.
Sing a song. – So will I.
I'll sing a song with you.

Sing a song. Drink some tea.	
Drink some tea. Sing a song.	
That's what we shall do.	*das werden wir tun*
Drink some tea. Sing a song.	
Sing a song. Drink some tea.	
I'll drink some tea with you.	
I'll sing a song with you.	

Übungen

1. Sie empfinden das gleiche wie John. Sagen Sie es. Das Beispiel zeigt Ihnen, wie:

   I'm thirsty. So am I. I'm hot. . . . .

   I'm happy. . . . . I'm cold. . . . .

I'm tired. .... I'm late. ....

I'm hungry. .... I'm ready. ....

Wenn Sie zu übersetzen versuchen, was John sagt, werden Sie bald merken, daß Sie nicht immer mit „Ich bin . . ." beginnen können. Was ließe sich zum Beispiel für *I'm hot. I'm cold.* im Deutschen sagen? Natürlich haben Sie die Lösung gleich gefunden: Mir ist kalt. Mir ist heiß. Sie sehen also, daß man nicht immer Wort für Wort übersetzen kann.

2. Bilden Sie Fragen und Antworten nach dem Beispiel:

a) What time is it?
It's half past three.

b) ....

....

c) ....

....

Üben Sie die Fragen und Antworten mit einem Partner.

3. Vervollständigen Sie die Sätze nach dem Beispiel:

a) I want some tea.
b) .... some coffee.
c) .... some lemonade.
d) .... four apples.
e) .... twelve bananas.
f) .... six oranges.

4. Sprechen Sie diese Zahlen laut auf englisch:

84 127 66

135

5. Zählen Sie auf englisch von 95 bis 110.

LEKTION 10

When It's Dark and Cold

Was wurde gelernt?

Wiederholung Lektion 1—9

Die Dialoge, das Lied und die Übungen dieser Lektion dienen der Wiederholung des Wichtigsten aus Lektion 1–9. Die folgende Zusammenstellung erleichtert Ihnen die Übersicht. (Die Zahlen beziehen sich auf die Lektionen.)

1–8

I'm	*hungry.*
He's	*tired.*
She's	*thirsty.*
We're	*cold.*
You're	*late.*
They're	*early.*

1–8

Am I	*late?*
Is he	*English?*
Is she	*German?*
Are we	*early?*
Are you	*hungry?*
Are they	*tired?*

3

Hallo, John.
Hallo, Mary.
How are you?
I'm very well, thank you.

6

	late.
It's	*cold.*
	morning.

5–9

What time is it?
It's four o'clock.
It's half past six.

8

The apples are nice.
How much are they?
Six for twenty pence.

9

I want	*some tea.*
	six apples.

9

I'm hungry.
So am I.

5–9

one two three
ten twenty thirty
sixty-four
one hundred and fifty-eight

Dialog 1: We're lost.

Peter und seine Frau Anne sind im Urlaub. Eines Abends verlassen sie ihr Hotel zu einem Spaziergang und verirren sich.

Anne: Where are we, Peter?
Peter: We're lost.
Anne: Yes, we are lost.
Peter: It's dark and it's cold.
Anne: Yes, and it's frightening too.
Peter: Listen.
Eine Uhr schlägt.
Anne: What time is it, Peter?
Peter: ...nine, ten, eleven, twelve. It's twelve o'clock. Anne, it's midnight.
Anne: Oh dear, it is late.
Peter: And we're lost!...
Jim: Hallo!
Peter: Listen, Anne, someone's coming.
Anne: Hallo! Hallo!
Jim: Hallo. Hallo, Anne. Hallo, Peter.
Peter: / *Anne:* Why, it's Jim!
Peter: Hallo, Jim.
Anne: Hallo, Jim.
Peter: We're lost.
Jim: You're lost. And so am I.

Anne: You're lost, too?
Jim: Yes, I'm lost too. The three of us are lost.
Peter: We'll keep walking.
Jim: Yes, perhaps we'll meet someone.
Anne: It's late, and I'm cold.
Peter: So am I.
Jim: It's frightening.

Wörter und Wendungen

where? [wɛə]	wo?	why! [wai]	nanu! das ist doch...!
we're lost [wiə 'lɔst]	wir haben uns verirrt/verlaufen	the three of us [ðə 'θri: əv ʌs]	wir alle drei
dark [dɑ:k]	dunkel	walk [wɔ:k]	laufen, zu Fuß gehen
listen ['lisn]	horch!, höre!	we'll keep walking [wi:l 'ki:p 'wɔ:kiŋ]	wir werden weitergehen
midnight ['midnait]	Mitternacht	perhaps [pə'hæps]	vielleicht
someone ['sʌmwʌn]	(irgend) jemand	meet [mi:t]	treffen, begegnen
someone's coming ['sʌmwʌnz 'kʌmiŋ]	da kommt jemand		

Dialog 2: It's one o'clock.

Peter, Anne und Jim irren immer noch umher.

Peter: Where are we?
Anne: We're lost.
Jim: Yes, we are lost.
Anne: It's one o'clock.
Jim: It is late.
Peter: And it's cold.
Anne: And it's frightening too.
Jim: Someone's coming.
Anne: Hallo! Hallo! We're lost. Hallo!
Jane: Hallo, hallo!

Peter: Oh, hallo, Jane.
Jane: Hallo, Peter, what's wrong?
Anne: We're lost.
Jim: We're lost!
Jane: Lost? You're *lost?* Listen . . .
Sie hören Musik.
Jim:
Peter: } It's the hotel! Hurrah!
Anne:
Anne: I want some coffee. I'm cold.
Peter: And I want some coffee too.
Jim: So do I. Let's hurry.

Wörter und Wendungen

hotel [həu'tel] Hotel
hurrah! [hu'rɑ:] hurra!
hurry ['hʌri] sich beeilen
let's hurry [lets 'hʌri] wir wollen uns beeilen

so do I [səu du 'ai] (das tue) ich auch (als Antwort „ich auch" sagt man bei *I'm hungry.*: *So am I.* (vgl. Lektion 9) Und bei *I want* . . . : *So do I.* Mehr über diesen Gebrauch von *do* erfahren Sie in einer späteren Lektion.)

Song: When it's dark and cold.

When it's dark and cold — *wenn*
And I am *sad* and old, — *traurig*
I want you by my side — *Ich möchte, daß du an meiner Seite/neben mir bist,*

I want you near. — *Ich möchte, daß du mir nahe bist.*

He wants *me by his side* — *Er . . . ich an seiner Seite/neben ihm bin*
He wants me near.

When I'm *far from home,* — *weit fort von zu Hause*

And I am *all alone,* — *ganz allein*
I want you by my side,
I want you near.
She wants *me by her side,* — *Sie . . . ich an ihrer Seite/neben ihr bin*
She wants me near.

When it's late at night,
And I am lost and tired,
I want you by my side,
I want you near.
She wants me by her side,
She wants me near.

Übungen

1. Üben Sie noch einmal die Zahlen, die Sie bisher kennen. Sprechen Sie Sätze nach folgendem Beispiel laut aus und schreiben Sie sie auf:
   a) 8 p + 20 p Eight pence and twenty pence. How much is that? Twenty-eight pence.

   b) 10 p + 22 p . . . .

   . . . .

   c) 41 p + 36 p . . . .

   . . . .

   d) 18 p + 51 p . . . .

   . . . .

   Spielen Sie die Fragen und Antworten mit einem Partner durch.

2. Stellen Sie Fragen und beantworten Sie sie, wie im Beispiel gezeigt:

a) What time is it?
It's three o'clock.

b) . . . .

. . . .

c) . . . .

. . . .

d) . . . .

. . . .

e) . . . .

. . . .

f) . . . .

. . . .

3. Setzen Sie *am, is* oder *are* ein:

a) John . . . . . hungry, Mary . . . . . thirsty, and they . . . . . tired.

b) It . . . . . very late. What time . . . . . it? – It . . . . . half past two.

c) I . . . . . sorry. I . . . . . late. But I . . . . . here now, and I . . . . . ready.

d) . . . . . you American? – No, I . . . . . German.

e) It . . . . . hot here, and I . . . . . thirsty. – So . . . . . I.

4. Setzen Sie in diesen Dialog die fehlenden Wörter ein:
Jack: Hallo, Anne.

Anne: . . . . ., Jack.

Jack: How . . . . . you?

Anne: I . . . ., thank you. How . . . . ?

Jack: I . . . . well too, thank you.

Anne: . . . . thirsty?

Jack: Yes, I . . . . . very thirsty. I . . . . . some tea.
Anne: Tea? Here you are.
Sprechen Sie den vervollständigten Dialog zusammen mit einem Partner.

LEKTION 11

We Are Mr. and Mrs. Lamore

Was wird gelernt?

I'm not . . . **Mr., Mrs., Miss** **and** **200—1,000**

John: Hallo, Mary.
Mary: Hallo, John. How are you today?

John: Hallo, Mary.
Mary: Hallo, John. Wie geht es dir denn so?

John:	I'm not well today, Mary.	*John:*	Es geht mir heute nicht gut, Mary.
Mary:	Oh dear. I *am* sorry.	*Mary:*	Ach je, das tut mir aber leid.

So wird's verständlich:

not: Das Wort *not* dient im Englischen dazu, verneinende Sätze zu bilden. Bisher haben wir bejahende Sätze geübt, zum Beispiel *I'm tired* (Ich bin müde). Die Verneinung dazu ist *I'm not tired* (Ich bin nicht müde). Das *not* entspricht also unserm deutschen „nicht". Hier sind noch einige Beispiele:

I'm **not** *old.*	*I'm young.*
I'm **not** *American.*	*I'm English.*
I'm **not** *hot.*	*I'm cold.*

and: Das Wörtchen *and* verbindet Wörter, Wendungen und Sätze miteinander, wird also wie im Deutschen das Wörtchen „und" gebraucht. Ein Beispiel: *I'm tired and I'm not well.* (Ich bin müde, und ich fühle mich nicht wohl.) Auch bei der Bildung der Zahlen über hundert ist es Ihnen schon begegnet, erinnern Sie sich? Hier noch einmal ein Beispiel: 105 – *one hundred and five.*

200—1,000: Die Hunderter sind im Englischen sehr leicht zu bilden:

200 **two hundred**	*500* **five hundred**	*800* **eight hundred**
300 **three hundred**	*600* **six hundred**	*900* **nine hundred**
400 **four hundred**	*700* **seven hundred**	*1,000* **one thousand** ['wʌn 'θauzənd]

Wie die dazwischenliegenden Zahlen gebildet werden, können Sie sich jetzt sicher schon denken. 645 ist zum Beispiel *six hundred and forty-five.*

Bei Telefon- und Flugnummern werden die Ziffern allerdings einzeln gelesen, wie Sie es auch vom Deutschen her kennen. So ist *Flight 726* (Flug 726) *Flight seven – two – six.* Und die Telefonnummer 82 90 23 wäre *eight – two – nine – ou – two – three* auszusprechen; die Null wird also wie ein *O* ausgesprochen.

Mr., Mrs., Miss: Diese Anreden stehen immer vor dem Familiennamen, und zwar wird *Mr.* für Männer, *Mrs.* für verheiratete Frauen und *Miss* für unverheiratete Frauen verwendet.

Dialog 1: I'm not Miss Smith.

Peter Carter und seine Frau Anne warten am Flughafen. Sie wollen ein Fräulein Smith abholen.

Peter:	It's two o'clock.
Anne:	Miss Smith's plane is late.
Peter:	Yes, it is late.
Announcer:	Attention please! Flight BA 726 from Amsterdam has now arrived. Passengers on this flight are now disembarking at Gate 16.
Peter:	Amsterdam. It's Miss Smith's plane.
Anne:	Yes, her plane is here.
Peter:	Here are the passengers . . . Excuse me, excuse me!
Woman:	Yes?
Peter:	Excuse me, are you Miss Smith?
Woman:	No, I'm sorry. I'm not Miss Smith. I'm Miss Jones.
Peter:	I'm sorry.
Anne:	Excuse me. Excuse me!
Woman:	Yes?
Anne:	Excuse me, are you Miss Smith?
Woman:	No, I'm not *Miss Smith*. I'm *Mrs. Jackson*.

Anne:	Oh dear! I *am* sorry.
Peter:	How embarrassing!
Anne:	Yes, it is embarrassing.
Peter:	We'll never find her.
Anne:	What shall we do?

Wörter und Wendungen

plane [plein]	Flugzeug
Miss Smith's plane [mis 'smiθs 'plein]	Miss Smiths Flugzeug
announcer [ə'naunsə]	Ansager(in)
Attention please! [ə'tenʃən pli:z]	Achtung, eine Durchsage!
arrive [ə'raiv]	ankommen, *hier:* landen
has now arrived [həz 'nau ə'raivd]	ist soeben gelandet
passengers ['pæsindʒəz]	Passagiere, Fluggäste
disembark ['disim'bɑ:k]	aussteigen, von Bord gehen
are now disembarking [ɑ'nau 'disim'bɑ:kiŋ]	gehen jetzt von Bord
Gate 16 ['geit siks'ti:n]	Flugsteig 16
here are the passengers ['hiə'rɑ: ðə 'pæsindʒəz]	hier kommen die Passagiere
embarrassing [im'bærəsiŋ]	peinlich
how embarrassing [hau im'bærəsiŋ]	wie peinlich
never ['nevə]	nie(mals)
find [faind]	finden
we'll never find her [wi:l 'nevə 'faind hə:]	wie werden sie nie finden, wir finden sie doch nie
do [du(:)]	tun
what shall we do? ['wɔt ʃəl wi 'du:]	was sollen wir tun?

Dialog 2: I'm Mrs. Robinson.

Peter und Anne suchen immer noch am Flughafen nach Fräulein Smith.

Anne:	What shall we do?
Peter:	We'll never find her.
Anne:	Excuse me.
Miss Wilson:	Yes?
Anne:	Are you Miss Smith?
Miss Wilson:	No, I'm sorry. I'm not Miss Smith. I'm Miss Wilson.

Anne: Oh dear. I'm sorry.
Peter: Excuse me.
Mrs. Robinson: Yes?
Peter: Are you Miss Smith?
Mrs. Robinson: No, I'm not Miss Smith. I'm Mrs. Robinson.
Mr. Robinson: And I'm Mr. Robinson.
Mrs. Robinson: You're Mr. Carter?
Mr. Robinson: And you're Mrs. Carter?
Peter: Yes, we are . . .
Anne: But –
Mr. Robinson: This *is* Miss Smith.
Mrs. Robinson: I was married last week. I'm not Miss Smith any more. I'm Mrs. Robinson.
Peter: Hallo.
Anne: It's so nice to meet you.
Mrs. Robinson: Yes, it's nice to meet you.
Mr. Robinson: Not Miss Smith. *Mrs. Robinson.*

Wörter und Wendungen

married ['mærid]	verheiratet
I was married [ai wəz 'mærid]	ich habe geheiratet
week [wi:k]	Woche
last week ['lɑ:st 'wi:k]	(in der) letzte(n) Woche
not any more ['nɔt 'eni 'mɔ:]	nicht mehr
it's so nice to meet you [its 'səu 'nais tə 'mi:t ju]	ich freue mich sehr, Sie kennenzulernen

Song: We are Mr. and Mrs. Lamore.

I'm not Miss Summers any more.
No, I'm not Miss Summers any more.
For, I was married this morning, — *denn*
Yes, I was married this morning,
And now I am Mrs. Lamore.
You're not Miss Summers any more.
No, you're not Miss Summers any more.
For *you were married* this morning, — *du hast geheiratet*
Yes, you were married this morning,
So now you are Mrs. Lamore.

I'm not Miss Summers any more.
No, you're not Miss Summers any more.
For *we were married* this morning, — *wir haben geheiratet*
Yes, we were married this morning,
We're Mr. and Mrs. Lamore.

Übungen

1. *Who are you?* „Wer sind Sie?" Beantworten Sie die Fragen, indem Sie Ihren Namen einsetzen. Verwenden Sie dabei *Mr.*, *Mrs.* oder *Miss:*

   Are you Mr. Carter? No, I'm not Mr. Carter. I'm . . . .

   Are you Mrs. Robinson? . . . .

   Are you Miss Jones? . . . .
   Richten Sie die Fragen an Ihren Partner.

2. Verbinden Sie diese Wörter nach folgendem Beispiel zu einem Satz:
   a) tired/not very well — I'm tired and I'm not very well.

   b) cold/hungry — . . . .

   c) hot/thirsty — . . . .

3. Sprechen Sie diese Zahlen auf englisch laut aus:

643 729

581 1000

Und nun ebenso diese Flug- und Telefonnummern:

Flight 963 Flight 405 Flight 817

243–9016

758–3249

4. Verneinen Sie diese Fragen nach folgendem Beispiel:
   a) Are you tired? No, I'm not tired.

   b) Are you English? ....

   c) Are you Mr. Smith? ....

   d) Are you hungry? ....

   e) Are you Yul Brynner? ....

   f) Are you cold? ....

Üben Sie die Fragen und Antworten mit Ihrem Partner.

LEKTION 12

She's Not English

Was wird gelernt?

We're/You're/They're not . . . **He's/She's/It's not . . .**
1,000—9,999

Mary:	Anne's French.	*Mary:*	Anne ist Französin.
John:	She's not French. She's English.	*John:*	Sie ist nicht Französin. Sie ist Engländerin.
Mary:	And Mike's American.	*Mary:*	Und Mike ist Amerikaner.
John:	He's not American. He's English too.	*John:*	Er ist nicht Amerikaner. Er ist auch Engländer.

So wird's verständlich:

not: In Lektion 11 haben Sie gelernt, daß das Wörtchen *not* gebraucht wird, um verneinende Sätze zu bilden. Ebenso wie es dort in Verbindung mit *I* gebraucht wurde (zum Beispiel: *I'm not tired*), wird es zusammen mit anderen Fürwörtern verwendet, um die Verneinung zu bilden. Hier einige Beispiele dafür:

We're **not** *early.*	*We're late.*
They're **not** *French.*	*They're German.*
It's **not** *six o'clock.*	*It's seven o'clock.*

1,000—9,999: Zwischen Tausendern und Hundertern steht kein *and:*

1,250	**one thousand two hundred** *and fifty*
5,820	**five thousand eight hundred** *and twenty*
4,653	**four thousand six hundred** *and fifty-three*

Spricht man eine vierstellige Jahreszahl aus, so werden die beiden ersten Ziffern als eine Zahl und die beiden letzten Ziffern als eine Zahl gesprochen. Ein Beispiel:
Geschrieben: *It's 1975.* Gesprochen: *It's nineteen seventy-five.*

Dialog 1: It's not three o'clock.

Anne und Tom warten auf Mike. Beide sind in streitlustiger Stimmung.

Anne: Mike's late.
Tom: He's not late. We're early.
Anne: We're not early. He's late and we're late.
Tom: What time is it?
Anne: Listen.
Eine Uhr schlägt drei.
Tom: It's three o'clock. We're early!
Die Uhr schlägt zum vierten Mal.
Anne: Listen. It's not three o'clock. It's four o'clock. He *is* late.
Tom: He's not late. The clock's wrong.
Anne: The clock's not wrong.
Tom: It's three o'clock. It's not four o'clock.
Anne: Let's ask someone.
Tom: Excuse me.
Man: Yes?
Tom: What time is it, please?
Man: Time . . . time . . . let me see. It's three o'clock.
Tom: Thank you.
You see. It's three o'clock. Mike's not late. We're early.

Wörter und Wendungen

wrong [rɔŋ]	falsch	let's ask someone [lets 'ɑ:sk 'sʌmwʌn]	laß uns/wir wollen jemand(en) fragen
the clock's wrong [ðə 'klɔks 'rɔŋ]	die Uhr geht falsch	see [si:]	sehen
ask [ɑ:sk]	fragen	let me see [let mi 'si:]	Moment mal, laß mal sehen
someone ['sʌmwʌn]	(irgend) jemand	you see [ju 'si:]	siehst du (wohl)?

Dialog 2: He's not late.

Anne und Tom warten immer noch auf Mike.

Anne: Mike's late.
Tom: He's *not* late. It's three o'clock, and we're early.
Anne: Well, here he is! Hallo, Mike.
Mike: Hallo, Anne.
Anne: You're late, Mike.
Mike: Late? No, I'm not late.
Tom: You see. He's not late. He's early.
Mike: Early? No, I'm not early.
Anne: Not late?
Tom: Not early?
Anne: What time is it?
Mike: It's four o'clock.
Anne: Then you *are* late.
Mike: No, I'm not late and I'm not early.
Anne: Oh!
Tom: Oh!
Mike: Well, it's four o'clock. We arranged to meet at four o'clock.
Tom: Oh yes.
Anne: That's right. He's not late.
Tom: And he's not early.
Tom: }
Anne: } He's on time.

Wörter und Wendungen

here he is ['hiə hi 'iz]	hier ist er ja
then [ðen]	dann
meet [mi:t]	sich treffen
we arranged to meet [wi ə'reindʒd tə 'mi:t]	wir haben uns verabredet
that's right ['ðæts 'rait]	richtig, ganz recht
on time [ɔn 'taim]	pünktlich

Song: She's not English.

She's not English, He's not American, They're *citizens of one big world.* He's not German, She's not *Italian,* They're citizens of one big world.	 *Bürger einer einzigen großen Welt* *Italiener(in); italienisch*
We're all citizens, we're all citizens, we're all citizens, We're all citizens of one big world.	
You're not *Swedish,* You're not Egyptian, You're citizens of one big world. We're not *Danish,* We're not *Australian,* We're citizens of one big world.	*schwedisch; hier: Schwede, Schwedin* *dänisch; hier: Däne, Dänin* *Australier(in); australisch*
We're all citizens, we're all citizens, we're all citizens, We're all citizens of one big world.	

Übungen

1. Sehen Sie sich diese Uhren an und berichtigen Sie, was daneben geschrieben steht. Richten Sie sich dabei nach dem Beispiel:

a) It's three o'clock.
It's not three o'clock.
It's four o'clock.

b) It's six o'clock.

. . . .

. . . .

c) It's eight o'clock.

. . . .

. . . .

d) It's half past eleven.

. . . .

. . . .

e) It's half past nine.

. . . .

. . . .

f) It's two o'clock.

. . . .

. . . .

2. Widersprechen Sie diesen Behauptungen nach folgendem Beispiel:
   a) He's Swedish. — He's not Swedish.

   b) They're old. — . . . .

   c) She's very well. — . . . .

   d) It's cold. — . . . .

   Und jetzt erweitern Sie Ihren Widerspruch durch eine Richtigstellung, wie es das Beispiel zeigt:

   e) Omar Sharif is Italian. — He's not Italian. He's Egyptian.

   f) Cary Grant is Swedisch. — . . . .

   g) Yul Brynner is German. — . . . .

   h) Marlene Dietrich is French. — . . . .

   Und nun widersprechen Sie diesen Behauptungen, die sich auf Sie selbst beziehen. Das Beispiel zeigt, wie es gemeint ist:

   i) You're Mr. Jackson. — No, I'm not Mr. Jackson. I'm (Mr. X.)

   k) You're Australian. — . . . .

   l) You're late. — . . . .

   m) You're cold. — . . . .

3. Verbinden Sie die folgenden Begriffe jeweils zu zwei Sätzen, die mit *and* verbunden sind. Zunächst wieder ein Beispiel:
   a) three o'clock/we/early — It's three o'clock and we are early.

   b) midnight/I/tired — . . . .

   c) hot/Mike/thirsty — . . . .

   d) very late/Anne/tired — . . . .

   e) time for lunch/I/hungry — . . . .

LEKTION 13

Now He Isn't Here

Was wird gelernt?

He/She/It isn't . . . Where's . . . ? Where is . . . ? my — your

John: Hallo, Mary.	*John:* Hallo, Mary.
Mary: Hallo, John. Where's Hans?	*Mary:* Hallo, John. Wo ist Hans?
John: He isn't here.	*John:* Er ist nicht hier.
Mary: Oh dear. Where is he?	*Mary:* Ach je. Wo ist er (denn)?

So wird's verständlich:

Where . . . ? „Wo . . . ?" Da dieses Wort eine Frage einleitet, entspricht die Wortfolge der der Fragesätze, wie Sie sie bereits geübt haben. Das Zeitwort steht also vor dem Namen, dem Hauptwort (Substantiv) oder persönlichen Fürwort (Personalpronomen). Die Frage lautet also:

Where is Hans?		*Where's Hans?*
Where is Mary?	oder	*Where's Mary?*
Where is the coffee?		*Where's the coffee?*

Auch hier wird also beim Sprechen meistens die verkürzte Form benutzt. Vor dem Fürwort benutzt man jedoch lieber die volle Form:

Where is he? *Where is she?* *Where is it?*

isn't: In Lektion 12 haben Sie den Gebrauch von *not* in verneinten Sätzen geübt. Sie erinnern sich: *He's not late* (Er kommt nicht zu spät). *She's not English* (Sie ist keine Engländerin).
Eine andere Möglichkeit der Verneinung ist die Verbindung von *is* mit *not* zur verkürzten Form *isn't.* Man kann also sagen: *He isn't late. She isn't English.* usw. Beide Formen sind richtig.

my: Diese Wort wird wie ein Eigenschaftswort gebraucht und bedeutet „mein". Seine Form ist unveränderlich; ob es nun vor einem Einzahlwort: *my friend* (mein Freund), oder einem Mehrzahlwort:

my apples (meine Äpfel) steht, ob es mit einem – im Deutschen – männlichen Hauptwort: *my coffee* (mein Kaffee) oder einem weiblichen: *my lemonade* (meine Limonade) steht – immer heißt es *my*.

your: Dies ist das entsprechende Wort zu *my* für die angesprochene Person. Es bedeutet also „dein", „Ihr", „euer". Wie *my* ist auch *your* unveränderlich.

Dialog 1: Where's the taxi?

Peter und Kate wollen in den Urlaub fahren. Sie warten gerade auf das Taxi, das sie zum Bahnhof bringen soll.

Kate: What time is it, Peter?
Peter: It's two o'clock.
Kate: Oh. No, it isn't two o'clock.
Peter: Yes, it is.
Kate: When does the train leave?
Peter: At three o'clock. There's plenty of time.
Kate: Where's the taxi?
Peter: It's late. It isn't here.
Kate: Oh dear! We're late. Where *is* the taxi?
Das Taxi kommt.
Peter: The taxi's here.
Kate: You're right. Here it is.

Etwas später, im Taxi.

Kate: Good. We're not late. There's plenty of time.
Peter: I told you. Plenty of time.
Kate: Wait a moment!
Peter: What is it?
Kate: My purse! Where's my purse?
Peter: Your purse?
Kate: Yes, my purse. Where is it? It isn't here.
Peter: It isn't here?
Kate: No.
Peter: Where is it?
Kate: It isn't here. It's at home.
Peter: Driver! Driver!
Kate: Turn round.
Peter: Go back.
Kate: Oh dear! We're late.
Peter: Yes, we are late. We'll never catch the train now.

Wörter und Wendungen

train [trein]	(Eisenbahn)Zug
leave [li:v]	ab-, losfahren
when does the train leave? ['wen dəz ðə 'trein 'li:v]	Wann fährt der Zug ab? Wann geht der Zug?
at 3 o'clock [ət 'θri: ə'klɔk]	um drei Uhr
plenty ['plenti]	reichlich, viel
there's plenty of time [ðɛəz 'plenti əv 'taim]	wir haben/es ist noch viel Zeit
taxi ['tæksi]	Taxi
you're right [juə 'rait]	richtig, du hast recht
here it is ['hiər it 'iz]	hier ist es
good! [gud]	gut! fein!
I told you [ai 'təuld ju]	ich habe es dir ja (gleich) gesagt
wait [weit]	warten
wait a moment ['weit ə 'məu-mənt]	einen Augenblick mal
purse [pə:s]	Portemonnaie, Geldbeutel
at home [ət 'həum]	zu Hause
driver ['draivə]	Fahrer
turn round ['tə:n 'raund]	umkehren, wenden
go back ['gəu 'bæk]	zurückgehen, -fahren
catch [kætʃ]	kriegen, erwischen
we'll never catch the train now [wi:l 'nevə 'kætʃ ðə 'trein 'nau]	jetzt kriegen wir den Zug nie mehr

Dialog 2: The money isn't in my purse!

Peter und Kate haben das Portemonnaie und sind wieder im Taxi.

Peter: Have you got your purse?
Kate: My purse?
Peter: Yes, your purse. Where is it?
Kate: It's here.
Peter: Good.
Kate: When does the train leave?
Peter: At three o'clock. There's plenty of time.
Kate: Good.
Das Taxi hält.
Kate: We're here.
Peter: How much is it?
Kate: Sixty-eight pence.
Peter: The money's in your purse.
Kate: In my purse? No, it isn't.
Peter: Where *is* the money?
Kate: It isn't here. It's at home.
Peter: Driver!
Kate: Driver!
Peter: Turn round.
Kate: Go back.

Wörter und Wendungen

have you got ...? [həv ju 'gɔt]	hast du ...?	money ['mʌni]	Geld
		in [in]	in

Song: Now he isn't here.

Where – oh where! – is my friend of *yesterday?*	*gestern*
He's now so far, *so far away.*	*so weit fort*
He walked out through that open door,	*er ging durch die offene Tür da hinaus*

And now he isn't here,
And now he *isn't* here *any more*. *nicht mehr*

Where – oh where! – is my friend of yesterday?
She's now so far, so far away.
She walked out through that open door,
And now she isn't here,
And now she isn't here any more.

Where – oh where! – is my friend of yesterday?
She's now so far, so far away.
She walked out through that open door,
And now she isn't here,
And now she isn't here any more.

Übungen

1. Bilden Sie Fragen und Antworten nach folgendem Beispiel:
   a) Where's John? He isn't here.

   b) . . . . Hans? . . . .

   c) . . . . Mary? . . . .

   d) . . . . Anne? . . . .

   e) . . . . the taxi? . . . .

   f) . . . . the money? . . . .
   Üben Sie dasselbe mit Ihrem Partner.

2. Benutzen Sie jetzt im Fragesatz ein Fürwort. Hier wieder ein Beispiel:
   a) I want John. Where is he?

   b) I want Hans. . . . .

   c) I want Mary. . . . .

d) I want Anne. . . . .

e) I want my purse. . . . .

f) I want my money. . . . .

3. Üben Sie nach folgendem Beispiel *my* und *your* in Fragen und Antworten:
   John: I want my money. Where is it?
   Mary: Your money? Here it is

   Mary: . . . . . . my purse. . . . . ?

   John: . . . . ? . . . . ?

   John: . . . . . . my coffee. . . . . ?

   Mary: . . . . ? . . . . ?

   Mary: . . . . my lemonade. . . . . ?

   John: . . . . ? . . . . ?
   Üben Sie diese Fragen und Antworten mit Ihrem Partner.

LEKTION 14

We Aren't at Home

Was wird gelernt?

We/You/They aren't . . .   Where are . . . ?   our — their

Mike:	Hallo, Hans.	*Mike:*	Hallo, Hans.
Hans:	Hallo, Mike. Where are John and Mary?	*Hans:*	Hallo, Mike. Wo sind John und Mary?
Mike:	They aren't here.	*Mike:*	Sie sind nicht hier.
Hans:	Where are they?	*Hans:*	Wo sind sie?

So wird's verständlich:

Where are . . . ? In Lektion 13 haben Sie Fragen mit dem Fragewort *where?* (wo?) geübt. Die Fragen wurden dort mit *Where is . . . ?* eingeleitet, wie zum Beispiel *Where's John?* Handelt es sich in dem Fragesatz um eins der Fürwörter *we, you* (du, ihr, Sie) oder *they* (sie, Mehrzahl) oder um Hauptwörter in der Mehrzahl, so beginnt die Frage mit *Where are . . . ?* Es heißt also: *Where are John and Mary? Where are the apples?* usw.

aren't: In Lektion 13 haben Sie auch gesehen, daß zwei verkürzte Verneinungen möglich sind: *He's not English* oder *He isn't English.* Mit *are* ist es ganz ähnlich. Man kann also sagen: *They're not English* (siehe Lektion 12) oder *They aren't English; We're not tired* oder *We aren't tired* usw.

our — their: *Our* (unser) und *their* (ihr, Mehrzahl) sind Eigenschaftswörter wie *my* und *your* in Lektion 13 und wie jene in ihrer Form unveränderlich, mögen sie nun in der Einzahl oder Mehrzahl, für Personen oder Sachen gebraucht werden. Das macht ihre Verwendung sehr einfach; es heißt zum Beispiel: *Where's our coffee?* (Wo ist unser Kaffee?), *Where are our friends?* (Wo sind unsere Freunde?) usw.

Dialog 1: Where are Mr. and Mrs. Bevan?

Bill will Mr. und Mrs. Bevan besuchen. Er weiß nicht, daß sie verreist sind. Ihre Nachbarin ruft zu ihm hinüber.

Neighbour: Hallo!

Bill: Hallo. Are you Mrs. Bevan?

Neighbour: No, I'm not Mrs. Bevan. I'm Miss Smith.

Bill: Are Mr. and Mrs. Bevan at home?

Neighbour: No, they aren't at home. I'm their neighbour.

Bill: You're their neighbour?

Neighbour: Yes, I'm their neighbour.

Bill: Where are Mr. and Mrs. Bevan?

Neighbour: They're on holiday.

Bill: At the seaside?

Neighbour: No, they aren't at the seaside. They're in the country.

Bill: In the country. I see. Oh well, I'll come back again.

Neighbour: Yes, come back again.

Bill: Thank you.

Neighbour: Not at all. Goodbye.

Bill geht.

Bill: Jack! Jack! Where are you?

Jack: I'm here, Bill. Are Mr. and Mrs. Bevan at home?

Bill: No, they aren't at home.

Jack: Where are they?

Bill:	They're on holiday. They're in the country.
Jack:	Good! The house is empty.
Bill:	Yes, the house is empty.
Jack:	Then we'll come back tonight.
Bill:	Yes, we'll come back tonight.

Wörter und Wendungen

neighbour ['neibə]	Nachbar(in)
on holiday [ɔn 'hɔlədi]	auf Urlaub
at the seaside [ət ðə 'siː'said]	an der See
in the country [in ðə 'kʌntri]	auf dem Land
I see [ai 'siː]	aha! ach so!
oh well [əu 'wel]	na ja, na schön
come back ['kʌm 'bæk]	wiederkommen
I'll come back ['ail kʌm 'bæk]	ich werde wiederkommen
not at all ['nɔt ət 'ɔːl]	bitte sehr, keine Ursache (Diesen Ausdruck benutzt man ganz allgemein als Antwort auf ein *Thank you,* wenn sich damit jemand für eine Gefälligkeit usw. bedankt.)
house [haus]	Haus
empty ['empti]	leer
tonight [tə'nait]	heute abend, heute nacht

Dialog 2: They aren't at home.

Es ist Nacht. Bill und Jack stehen vor dem Haus der Bevans.

Jack:	Mr. and Mrs. Bevan aren't at home?
Bill:	No. The house is empty.
Jack:	The house is empty?
Bill:	Yes. They aren't at home. Mr. and Mrs. Bevan are on holiday.
Jack:	Where?
Bill:	They're at the seaside.
Jack:	Perhaps they're at home.
Bill:	At home!
Jack:	Let's knock.
Bill:	Knock?

Jack: Yes, knock.
Bill: Oh, all right. *Sie klopfen an die Tür.*
Bill: Ah, the house is empty.
Jack: Yes, the house is empty.
Bill: Let's open a window.
Jack: Yes, let's open a window.
Neighbour: Hallo! Hallo!
Bill: It's their neighbour!
Jack: Their neighbour!
Bill: Yes, their neighbour.
Jack: Let's run.
Bill: Run!

Zur Erläuterung

Wie Sie schon mehrfach gesehen haben, wird ein Fragesatz durch Umstellung der Wortfolge gebildet. Zur Erinnerung ein Beispiel: Bejahend – *He's English;* fragend – *Is he English?*
Im Gespräch wird jedoch eine Frage häufig einfach dadurch gebildet, daß man das vom Gesprächspartner Gesagte noch einmal wiederholt. Das ist besonders dann der Fall, wenn man das Gesagte nicht richtig gehört oder dem Sinn nach nicht verstanden hat, oder wenn man erstaunt ist und eine Erklärung oder Bestätigung wünscht. Dabei wird die Wortfolge des Aussagesatzes beibehalten, nur wird die Stimme am Ende des Satzes gehoben statt gesenkt. So sagte Bill: *The house is empty.* Und Jack wiederholte ungläubig: *The house is empty?* Ähnliche Beispiele werden Ihnen in vielen Dialogen begegnen. Im Deutschen machen wir es übrigens ebenso!

Wörter und Wendungen

perhaps [pə'hæps]	vielleicht
knock [nɔk]	klopfen
oh, all right ['əu ɔːl 'rait]	na gut!, na schön!
window ['windəu]	Fenster
let's open a window [lets 'əupən ə 'windəu]	öffnen wir doch ein Fenster!
run [rʌn]	laufen, rennen
let's run [lets 'rʌn]	laß uns abhauen! hauen wir ab!

Song: We aren't at home.

We're off on holiday,	*Wir sind im Urlaub, Wir haben Ferien*
We aren't at home.	
We're off on holiday,	
A *wonderful* holiday,	*herrlich, wunderschön*
We're off on holiday,	
Enjoying the sun.	*und genießen*
La la la la la la.	
We're *down at the seaside,*	*an der See*
We aren't at home.	
We're down at the seaside,	
The *beautiful* seaside.	*schön*
We're down at the seaside,	
Enjoying the sun.	
La la la la la la.	
We're *out in the country,*	*auf dem Land*
We aren't at home.	
We're out in the country,	
The beautiful country,	
We're out in the country,	
Enjoying the sun.	
La la la la la la.	

Übungen

1. Stellen Sie Fragen und bilden Sie Antworten nach folgendem Beispiel:

Where are John and Mary?	They aren't here. They are at the seaside.
. . . . Mr. and Mrs. Smith?	. . . . in the country.

. . . . Anne and Jane? . . . .

. . . . on holiday.

. . . . the apples? . . . .

. . . . in the taxi.

Üben Sie dasselbe mit einem Partner.

2. Benutzen Sie jetzt im Fragesatz die entsprechenden Fürwörter:

I want John and Mary.	Where are they?
I want Mr. and Mrs. Jackson.	. . . . ?
I want my bananas.	. . . . ?

3. Bei den folgenden Sätzen müssen Sie besonders gut aufpassen! Manchmal heißt es *is*, manchmal *are:*

a) Where are Mike and Anne?	They aren't here. They are in the country.
b) . . . . Mr. Smith?	He isn't here. He is on holiday.
c) . . . . Mary?	. . . . at the seaside.
d) . . . . the oranges?	. . . . in the taxi.
e) . . . . my money?	. . . . at home.
f) . . . . Mr. and Mrs. Jones?	. . . . in the country.

4. Setzen Sie *aren't* oder *isn't* ein:

a) We . . . . English. We're American.

b) The coffee . . . . here.

c) Mr. Smith . . . . at home.

d) Jack and Kate . . . . in the country. They're at the seaside.

e) It . . . . five o'clock. It's six o'clock.

f) You . . . . late. You're early.

5. Beantworten Sie folgende Fragen zum Dialog:
a) Are Mr. and Mrs. Bevan at home?
b) Are they on holiday?
c) Are they at the seaside?
d) Where are they?

LEKTION 15

Can You Tell Me?

Was wird gelernt?

Can you tell me . . . ? My name is . . . quarter to/past the/a his/her

John:	Mary, can you tell me the time, please?	*John:*	Mary, kannst du mir bitte sagen, wie spät es ist?
Mary:	Quarter past three.	*Mary:*	Viertel nach drei. (Viertel vier.)

John:	Quarter past three! Where's Hans?	*John:*	Viertel nach drei! Wo ist Hans?
Mary:	Perhaps his train is late.	*Mary:*	Vielleicht hat sein Zug Verspätung.

So wird's verständlich:

Can you tell me ...? Diese Wendung „Können Sie mir sagen ...?" ist sehr nützlich, wenn man eine Auskunft haben möchte. Man fragt zum Beispiel: *Can you tell me your name?* (Können Sie mir Ihren Namen sagen?) oder *Can you tell me the time?* (Können Sie mir sagen, wie spät es ist?).

his/her: Auch hierbei handelt es sich um Eigenschaftswörter wie *my* und *your* (siehe Lektion 13) und *our* und *their* (siehe Lektion 14). Hier sind sie noch einmal alle zusammengestellt:

my	mein(e)	**our**	unser(e)
your	dein(e), Ihr(e)	**your**	euer(e), Ihr(e) (Mehrzahl)
his	sein(e)	**their**	ihr(e) (Mehrzahl)
her	ihr(e)		

Man verwendet sie auch im Zusammenhang mit Namen. So fragt man zum Beispiel: *What's your name?* (Wie heißt du?) und antwortet: *My name's Hans.* (Ich heiße Hans.)

the/a: Das Wort *the* ist der bestimmte Artikel im Englischen. Es entspricht dem deutschen Geschlechtswort (Artikel) „der", „die", „das", wird also für alle drei Geschlechter gebraucht, und es steht auch in der Mehrzahl für deutsches „die".

Das Wort *a* ist Ihnen schon öfter begegnet; es ist der unbestimmte Artikel und steht in der Einzahl für alle drei Geschlechter (ein/eine/ein).

Man sagt *The sun is hot* (Die Sonne ist heiß) mit dem bestimmten Artikel, weil man die *eine, bestimmte* Sonne meint. Aber man sagt: *I want a banana* (Ich möchte eine Banane), weil hier keine bestimmte Banane gemeint ist.

Dialog 1: Can you tell me the time, please?

Miss Carter ist Sekretärin bei Mr. Smith, dem Geschäftsführer eines großen Warenhauses. Ein Kunde kommt zu ihr. Er heißt ebenfalls Smith.

Mr. Smith: Excuse me.
Miss Carter: Yes?
Mr. Smith: I want to speak to the manager.
Miss Carter: The manager?
Mr. Smith: Yes, I want to speak to the manager.
Miss Carter: Certainly. Can you tell me your name, please?
Mr. Smith: Smith. Mr. Smith.
Miss Carter: No, *your* name. Mr. Smith is the manager. Can you tell me your name?
Mr. Smith: But my name is Smith. Robert Smith.
Miss Carter: Oh, I'm sorry. The manager's name is Smith too.
Mr. Smith: The manager's name is Smith?
Miss Carter: Yes. His name is John Smith, and your name is Robert Smith.
Mr. Smith: Well, I want to speak to John Smith.
Miss Carter: Good. And your name is Robert Smith?
Mr. Smith: Yes.
Miss Carter: Now, you want to see the manager?
Mr. Smith: Yes.
Miss Carter: Why?
Mr. Smith: Why?

Miss Carter: Yes, why?
Mr. Smith: I want to complain.
Miss Carter: Complain?
Mr. Smith: Yes, I want to complain.
Miss Carter: Why?
Mr. Smith: I want to complain about this clock.
Miss Carter: Why?
Mr. Smith: Can you tell me the time, please?
Miss Carter: Certainly. It's quarter past three.
Mr. Smith: Quarter past three?
Miss Carter: Yes
Mr. Smith: Then listen.
Die Uhr schlägt halb vier.

Wörter und Wendungen

I want to [ai 'wɔnt tə]	ich möchte, ich will
speak to ['spi:k tə]	sprechen mit
manager ['mænidʒə]	Direktor, Geschäftsführer
you want to see the manager? [ju 'wɔnt tə 'si: ðə 'mænidʒə]	Sie möchten den Geschäftsführer sprechen?
why? [wai]	warum?
Smith [smiθ]	Smith *(ein im Englischen ebenso verbreiteter Name wie im Deutschen Schmidt)*
complain about [kəm'plein ə'baut]	sich beschweren über
clock [klɔk]	*(Turm- oder andere große)* Uhr
(a) quarter past [(ə) 'kwɔ:tə 'pɑ:st]	(ein) Viertel nach

Dialog 2: What's the time?

Mr. Robert Smith spricht mit Mr. John Smith, dem Geschäftsführer.

Manager: Hallo, my name is John Smith. I'm the manager.
R. Smith: Hallo. And my name is Robert Smith.
Manager: And you want to complain?
R. Smith: Yes, I want to complain.
Manager: About this clock?
R. Smith: Yes, about this clock.

Manager: Why?
R. Smith: Look. What's the time?
Manager: Half past three.
R. Smith: Listen.
Die Uhr schlägt drei Viertel.
Manager: Quarter to four!
R. Smith: Yes.
Manager: Ah, I see. Give me the clock.
R. Smith: Here.
Der Geschäftsführer stellt die Uhr.
Manager: Now, look. What time is it?
R. Smith: Four o'clock.
Manager: Listen.
Die Uhr schlägt und hört gar nicht mehr auf zu schlagen.
R. Smith: Stop it! Stop it!
Manager: It won't stop.
R. Smith: Give it to me.
Manager: Here.
Der Kunde wirft die Uhr an die Wand.
Manager: Now, you want a new clock.
R. Smith: Yes, I want a new clock.
Manager: Here's a nice one. Fifty pounds.
R. Smith: Fifty pounds? Give it to me.
Er wirft auch diese Uhr an die Wand.

Wörter und Wendungen

what's the time? ['wɔts ðə 'taim]	wie spät ist es?
(a) quarter to [(ə) 'kwɔ:tə tə]	(ein) Viertel vor *(Erinnern Sie sich? In Lektion 5 und 6 haben wir die vollen und in Lektion 9 die halben Stunden behandelt.)*
give [giv]	geben
give me ['giv mi]	gib mir, geben Sie mir, gebt mir
give me the clock ['giv mi ðə 'klɔk]	geben Sie mir die Uhr
stop [stɔp]	aufhören
it won't stop [it 'wəunt 'stɔp]	sie *(die Uhr)* hört nicht mehr auf
give it to me ['giv it tə 'mi:]	geben Sie sie *(die Uhr)* mir
new [nju:]	neu
a nice one [ə 'nais wʌn]	eine hübsche *(Uhr)*

Song: Can you tell me?

Can you tell me your *secret?*	*Geheimnis*
You're so happy *all day.*	*den ganzen Tag*
Can you tell me your secret?	
I want to *feel that way.*	*mich so fühlen*
I can't tell you my secret.	*ich kann nicht*
I'm so happy all day.	
I can't tell you my secret.	
It just happens that way	*es kommt ganz von selbst so*

She can't tell us her secret.
I can't tell you my secret.
She can't tell us her secret.
I can't tell you my secret.
It just happens that way.

Übungen

1. Stellen Sie Fragen und antworten Sie nach dem folgenden Beispiel:

a) Can you tell me the time, please?
It's quarter to twelve.

b) . . . . ?

. . . .

c) . . . . ?

. . . .

d) . . . . ?

. . . .

e) . . . . ?

. . . .

f) . . . . ?

. . . .

Üben Sie dasselbe mit einem Partner. Benutzen Sie dabei auch andere Fragestellungen wie *What time is it?* und *What's the time?*, die die gleiche Bedeutung haben.

2. Setzen Sie *his, her* oder *their* in die folgenden Fragen und Antworten ein:
   a) Can you tell me . . . . name? Yes, ... name is Mary.
   b) Can you tell me . . . . name? Yes, ... name is Robert Smith.
   c) Can you tell me . . . . name? Yes, ... name is Anne Jones.
   d) Can you tell me . . . . names? Yes, ... names are Kate and Peter.
   e) Can you tell me . . . . name? Yes, ... name is John.

3. Beantworten Sie diese Fragen über sich selbst:

What is your name? . . . .

Are you English? . . . .

How are you today? . . . .

LEKTION 16

Can You Tell Me the Way?

Was wird gelernt?

Can you tell me the way to . . .? the/a I want to . . .

Mary:	Hallo, John.	*Mary:*	Hallo, John
John:	Mary, can you tell me the way to the post-office?	*John:*	Mary, kannst du mir sagen, wie ich zur Post komme?
Mary:	Why?	*Mary:*	Warum?
John:	I want to post a letter.	*John:*	Ich möchte einen Brief aufgeben.

So wird's verständlich:

I want to . . .: „Ich möchte. . ." Diesem Ausdruck folgt ein Zeitwort immer in der Grundform (im Infinitiv) mit *to*. Man sagt also: *I'm tired and I want to sleep* (Ich bin müde, und ich möchte schlafen), *I'm hungry and I want to eat* (Ich habe Hunger, und ich möchte etwas essen).

the/a: Wie schon in Lektion 15 erwähnt wurde, ist *the* der bestimmte und *a* der unbestimmte Artikel im Englischen.
Sehen Sie sich einmal die folgenden Fragen an:

Where's **the** *post-office?*	Wo ist das Postamt?
Where's **the** *bank?*	Wo ist die Bank?
Where's **the** *bus-station?*	Wo ist die Bushaltestelle?

Hier ist der bestimmte Artikel *the* gebraucht, um anzudeuten, daß nur *ein* Postamt, *eine* Bank, *eine* Bushaltestelle gemeint sein kann und daß der Angesprochene wahrscheinlich weiß, welche Post/Bank/Haltestelle gemeint ist.
Sehen Sie sich jetzt die folgenden Sätze an:

I want to post **a** *letter.*	Ich möchte einen Brief aufgeben.
I want to cash **a** *cheque.*	Ich möchte einen Scheck einlösen.
I want to catch **a** *bus.*	Ich möchte einen Bus erwischen.

Der unbestimmte Artikel *a* drückt hier aus, daß der Sprechende keinen ganz bestimmten Brief/Scheck/Bus meint, den der Angesprochene kennt. Hier muß man im Englischen sehr aufpassen, da der Gebrauch von *a* nicht immer mit dem Gebrauch von „ein"/„eine"/„ein" im Deutschen übereinstimmt.

Dialog 1: Where am I?

Jim ist auf der Straße in einer fremden Stadt.

Jim: Where am I? I'm not at home. I'm in a strange town. Where am I? . . . Ah, here's a woman. Excuse me, excuse me.
Woman: Yes?
Jim: Can you tell me the way to the bus-station, please?
Woman: The bus-station?
Jim: Yes, I want to catch a bus.
Woman: You can't catch a bus here.

Jim:	I can't catch a bus here?
Woman:	No. There isn't a bus-station.
Jim:	There isn't a bus-station. Oh dear! ... The railway-station!
Woman:	Railway-station?
Jim:	Yes. Can you tell me the way to the railway-station? I want to catch a train.
Woman:	You can't catch a train here.
Jim:	I can't catch a train here?
Woman:	No. There isn't a railway-station.
Jim:	Oh dear. It *is* a strange town. Where am I? I want to go home.

Wörter und Wendungen

strange [streindʒ]	fremd(artig), merkwürdig, seltsam	can't [kɑ:nt]	kann nicht
town [taun]	Stadt	there isn't [ðər 'iznt]	es gibt kein(e), es ist nicht vorhanden
railway-station ['reilweisteiʃən]	Bahnhof	go home ['gəu 'həum]	nach Hause gehen/fahren

Dialog 2: Can you tell me the way to the post-office?

Jim ist immer noch auf der Straße in der seltsamen Stadt.

Jim:	Where am I? I'm in a strange town. I want to go home. ... A post-office! I want to post a letter. Here's somebody. Excuse me, excuse me.
Man:	Yes?
Jim:	Can you tell me the way to the post-office, please?
Man:	The post-office?
Jim:	Yes. I want to post a letter.
Man:	You can't post a letter here.
Jim:	I can't post a letter here?
Man:	No, there isn't a post-office.
	...
Jim:	Where am I? Where am I? I want to go home.
Wife:	Wake up, Jim. Wake up!

Jim: Where am I?
Wife: You're at home!
Jim: At home?
Wife: Yes, you've been asleep!
Jim: Oh, I've been dreaming. Thank goodness!

Wörter und Wendungen

somebody ['sʌmbədi]	(irgend) jemand
here's somebody ['hiəz 'sʌmbədi]	hier ist jemand
wife [waif]	Ehefrau
wake up ['weik 'ʌp]	aufwachen
asleep [ə'sli:p]	schlafend
you've been asleep [juv bin ə'sli:p]	du hast geschlafen
dream [dri:m]	träumen
you've been dreaming [juv bin 'dri:miŋ]	du hast geträumt
thank goodness! ['θæŋk 'gudnis]	Gott sei Dank!

Song: Can you tell me the way?

Can you tell me the way to *happiness?* — *Glück*
Can you tell me the way to go?
There isn't any way to happiness. — *es gibt keinen Weg*
Happiness is here and now,
Happiness is here and now.

Happiness is *all around us,* my friends, — *überall um uns herum*
Happiness is here and now,
Happiness is here and now.
There isn't any way to happiness,
Happiness is here and now,
Happiness is here and now.

Übungen

1. Stellen Sie Fragen, wie Jim es getan hat:
   Can you tell me the way to the bus-station, please?

   .... the railway-station, ... ?

. . . . the post-office, ... ?

. . . . the bank, ... ?

. . . . the café, ... ?

. . . . the airport, ... ?

2. Ergänzen Sie die Aussage durch Sätze, die mit *I want to* beginnen, wie im Beispiel gezeigt:
   a) I'm tired. I want to sleep.

   b) I'm thirsty. . . . .

   c) I'm hungry. . . . .

3. Ergänzen Sie den Dialog nach folgendem Beispiel:
   a) *John:* Mary, where's the post-office?
   Mary: Why?
   John: I want to post a letter.

   b) *John:* Mary, ... bank?

   Mary: . . . . . ?

   John: . . . .

   c) *John:* Mary, ... bus-station?

   Mary: . . . . . ?

   John: . . . .

   d) *John:* Mary, ... railway-station?

   Mary: . . . . . ?

   John: . . . .
   Üben Sie die Dialoge mit einem Partner.

4. Sehen Sie sich noch einmal Dialog 1 an und beantworten Sie folgende Fragen:
   a) Is Jim at home?
   b) Is he at the seaside?
   c) Is he in the country?
   d) Where is he?
   Sehen Sie sich Dialog 2 an. Wo ist Jim wirklich?

LEKTION 17

Turn Left at the Corner

Was wird gelernt?

How can I find . . . ? the/a Go down the street.

John:	How can I find a café?	*John:*	Wo finde ich ein Café?
Mary:	A café?	*Mary:*	Ein Café?
John:	Yes. I'm thirsty and I want a cup of tea.	*John:*	Ja. Ich habe Durst und möchte eine Tasse Tee trinken.
Mary:	Go down the street, past the post-office, and turn left.	*Mary:*	Geh die Straße entlang, an der Post vorbei, und biege dann links ab.

So wird's verständlich:

How can I find . . . ? In Lektion 16 haben Sie die Frage *Can you tell me the way to a café?* (Können Sie mir sagen, wie ich zu einem Café komme?) geübt. *How can I find a café?* (Wo finde ich ein Café? eigentlich: Wie kann ich ein Café finden?) drückt dasselbe aus, ist aber etwas weniger förmlich. So fragt man eher jemanden, den man kennt. Die Fragen lauten also:

How can I find a restaurant?
How can I find a hotel?
How can I find a police-station?
How can I find a cinema?

Man kann die Frage auch mit *Where* beginnen und fragen: *Where can I find a restaurant?* usw.

a: Sie erinnern sich, daß *a* der unbestimmte Artikel ist (siehe Lektion 15 und 16). In den vorstehenden Fragen drückt dieses *a* aus, daß der Sprechende nicht an ein bestimmtes Restaurant/Hotel/Polizeirevier/Kino denkt.

the: *The* ist, wie Sie bereits wissen, der bestimmte Artikel. Wenn Mary sagt *Go down the street, past the post-office*, so denkt sie an eine ganz bestimmte Straße und ein ganz bestimmtes Postamt.

go/turn: Gibt man jemandem Anweisungen, so steht im Englischen wie im Deutschen das Zeitwort in der Befehlsform (Imperativ): *Go down the street.* Diese Befehlsform ist im Englischen sehr einfach zu bilden und anzuwenden, weil sie der Grundform (dem Infinitiv) gleich ist und weil sie unveränderlich ist, ganz gleich, ob die Anweisung an eine oder mehrere Personen gerichtet ist. *Go down the street* heißt also: „Geh die Straße entlang!", „Geht...!" und „Gehen Sie...!" Mehr über die Befehlsform in einer späteren Lektion.

Dialog 1: How can I find a café?

Philip ist im Urlaub. Er möchte gern eine Tasse Tee trinken, aber er weiß nicht, wo ein Café ist.

Philip: Oh dear. Where am I? I'm lost. Ah, here's Mike. Hallo, Mike.
Mike: Hallo, Philip. How are you?
Philip: I'm lost, Mike. How can I find a café?
Mike: A café?
Philip: Yes, I'm thirsty, and I want a cup of tea.
Mike: Go down the street –
Philip: Down the street, yes.
Mike: Past the post-office –
Philip: Past the post-office, yes.
Mike: And turn right –
Philip: And turn right, yes.
Mike: And it's there.
Philip: The café?
Mike: Yes, the café.
Philip: Good. Thank you.
Mike: Goodbye.
Philip: Goodbye.
Philip geht weiter.
Down the street ... Here's the post-office. Good. Past the post-office. And now turn right. Good. Here's the café. Oh no! It's closed. Now where am I? I am lost.

Wörter und Wendungen

lost [lɔst]	verloren	left [left]	links
be lost [bi ˈlɔst]	sich verirrt haben, sich nicht zurechtfinden	turn right/left [ˈtəːn ˈrait/ˈleft]	biege(n Sie) nach rechts/links ab
		closed [kləuzd]	geschlossen
right [rait]	rechts	open [ˈəupən]	offen, geöffnet

Dialog 2: It's on your right.

Philip steht vor dem Café.

Philip: Oh dear! The café's closed, and I'm lost. How can I find a café? . . . Oh, there's Helen. She can tell me. Hallo, Helen.
Helen: Hallo, Philip.
Philip: How can I find a café, Helen?
Helen: A café? Here, on your right.
Philip: It's closed.
Helen: Yes, it *is* closed. Oh dear! Well, go down the street –
Philip: Down the street.
Helen: Past the bus-station –
Philip: Past the bus-station.
Helen: Turn left at the corner –
Philip: Turn left at the corner.
Helen: Past the post-office –
Philip: Past the post-office.
Helen: And it's on your right.
Philip: Down the street.
Helen: Yes.
Philip: Past the bus-station.
Helen: Yes.
Philip: Turn left at the corner.
Helen: Yes.
Philip: Past the post-office.
Helen: Yes.
Philip: And it's on my right.
Helen: Yes.
Philip: But that's the park.
Helen: Yes, the park. There's a café in the park.
Philip: But I've just come from the park.
Helen: Oh dear!
Philip: Oh dear!
Er geht.
Down the street. Past the bus-station. Turn left at the corner. Past the post-office . . .

Wörter und Wendungen

on your right/left [ɔn jɔə 'rait/ 'left]	rechts/links von dir/euch/Ihnen	park [pɑ:k]	Park
on the right/left [ɔn ðə 'rait/'left]	rechts/links	there's [ðɛəz]	es gibt, es ist (vorhanden)
well, . . . [wel]	gut, . . .; schön, . . .	just [dʒʌst]	gerade (eben)
corner ['kɔ:nə]	Ecke	I've just come [aiv 'dʒʌst 'kʌm]	ich bin gerade gekommen

Song: Turn left at the corner.

Tell me: How can I find *a place* — *ein(en) Platz*
Where I can be out in the sun,
I want to sing and *laugh and dance and play,* — *lachen und tanzen und spielen*
I want to *jump* and run. — *springen*

Turn left at *the next street corner,* — *die nächste Straßenecke*
There's a park where you can play.
You can sing and laugh and jump and run,
You can play there all the day.

Turn left at the next street corner,
There's a park where we can play.
We can sing and laugh and jump and run,
We can play there all the day.

Übungen

1. Verwenden Sie die folgenden Wörter, um die Anweisungen aus Dialog 1 zu geben: *street/post-office/right/there.*
   Geben Sie mit diesen Wörtern die Anweisungen aus Dialog 2: *street/bus-station/left at the corner/post-office/on your right.*

2. Setzen Sie – wie im Beispiel – die fehlenden Wörter in die Fragen und Antworten ein:
   a) *Anne:* How can I find a bank?
   Mike: Go down the street, past the post-office, turn left at the corner, and it's on your right.

b) *Anne:* . . . . hotel?

Mike: . . . . street, ... park,

. . . . left . . . . corner, and it's . . . . right.

c) *Anne:* . . . . restaurant?

Mike: . . . . street, ... bus-station,

. . . . right . . . . corner, and it's . . . . left.

d) *Anne:* . . . . café?

Mike: . . . . street, ... police-station,

. . . . left . . . . corner, and it's . . . . left.

Üben Sie dasselbe mit Ihrem Partner.

3. Vervollständigen Sie die Sätze nach dem Beispiel des ersten Satzes:
   a) Where's the post-office? I want to post a letter.
   b) Where's the bank? I want to . . . .
   c) Where's the bus-station? I want to . . . .
   d) Where's the railway-station? I . . . .
   e) Where's the airport? . . . .

4. Sehen Sie sich Dialog 1 noch einmal an und beantworten Sie die Fragen über Philip:
   a) Is he thirsty?
   b) Is he in the street?
   c) Is he lost?
   d) Is the café closed?

LEKTION 18

How Far Is It?

Was wird gelernt?

How far is it to . . .? It's a five minute walk.
Five minutes by . . .

John:	Mary, how far is it to the nearest café?	*John:*	Mary, wie weit ist es zum nächsten Café?
Mary:	It's a twenty minute walk.	*Mary:*	Zu Fuß sind es zwanzig Minuten.
John:	Oh.	*John:*	Oh.
Mary:	But it's only three minutes by car.	*Mary:*	Aber mit dem Auto sind es nur drei Minuten.

So wird's verständlich:

How far is it to . . .? In Lektion 7 haben Sie die Frage *How far are we from . . .?* (Wie weit sind wir von . . . entfernt?) geübt. Hier begegnet Ihnen eine andere Frage, die sich auf Entfernungen bezieht: *How far is it to . . .?* (Wie weit ist es bis . . .?). So können Sie zum Beispiel fragen:

How far is it to the nearest café?
How far is it to the nearest police-station?
How far is it to the nearest bank?

by car: = „mit dem Auto". Um anzugeben, mit was für einem Fahrzeug man fährt, setzt man *by* vor die Bezeichnung des Fahrzeugs:

by car mit dem Auto	**by taxi**	mit dem Taxi	**by plane**	
by bus mit dem Bus	**by train**	mit dem Zug	mit dem Flugzeug	

Gehen Sie jedoch „zu Fuß", so heißt es **on foot,** nicht *by*!

minute, minutes: Wie Sie schon aus Lektion 7 wissen, wird die Mehrzahl des Hauptworts im allgemeinen durch Anhängen von *s* an die Einzahlform gebildet. Es heißt also: *one minute, ten minutes,* und Mary sagte auch ganz richtig: *It's only ten minutes by car.*

In dem Ausdruck *a twenty minute walk* erwartet man eigentlich *minutes*; aber in derartig zusammengesetzten Ausdrücken wie „ein Weg von 20 Minuten", „ein 30-Minuten-Film" usw. steht die Zeit- oder Maßangabe in der Einzahl. Allerdings kann man auch sagen: *It's twenty minutes' walk.* Die beiden Möglichkeiten werden häufig beim schnellen Sprechen miteinander verbunden, und man hört dann auch: *It's a twenty minutes' walk.*

Dialog 1: Turn left at the crossroads.

Philip ist immer noch im Urlaub. Er sucht gerade sein Hotel, das Hotel International.

Philip: Excuse me.
Man: Yes?
Philip: Can you tell me the way to the Hotel International?

Man: The Hotel International? Certainly. Go down this street –
Philip: Down this street, yes.
Man: Past the post-office –
Philip: Past the post-office, yes.
Man: Turn left at the crossroads –
Philip: Turn left at the crossroads, yes.
Man: And the Hotel International is on your right.
Philip: On my right. Thank you. How far is it?
Man: Oh, it's a five minutes' walk.
Philip: A five minutes' walk. Thank you.
Man: Thank you.
Philip geht weiter.
Philip: Down this street. Past the post-office. Turn right at the crossroads. And the hotel is on my left . . . No hotel here.
Oh dear, I'm lost . . . Here's a lady. I'll ask her. Excuse me.
Lady: Yes?
Philip: How far is it to the Hotel International?
Lady: The Hotel International? Oh, it's a ten minutes' walk.
Philip: A ten minutes' walk!
Lady: Yes, you're going the wrong way. You have to go back!

Wörter und Wendungen

international [intəˈnæʃənl]	international
crossroads	(Straßen)Kreuzung
no hotel here [ˈnəu həuˈtel ˈhiə]	kein Hotel zu sehen *(Philip spricht zu sich selbst und bildet keinen vollständigen Satz. Eigentlich heißt es: "There's no hotel here.")*
lady [ˈleidi]	Dame
ask [ɑ:sk]	fragen
I'll ask her [ail ˈɑ:sk hə]	ich werde sie fragen
the wrong way [ðə ˈrɔŋ ˈwei]	(in) die falsche Richtung
you're going the wrong way [juə ˈgəuiŋ ðə ˈrɔŋ ˈwei]	Sie gehen in die falsche Richtung
have to [ˈhæv tə]	müssen
you have to go back [ju ˈhæv tə ˈgəu ˈbæk]	Sie müssen zurückgehen

Dialog 2: Fourteen minutes!

Philip spricht immer noch mit der Dame.

Philip: I have to go back!
Lady: Yes, you have to go back. Go up this street –
Philip: Up this street.
Lady: Go straight ahead at the crossroads –
Philip: Straight ahead at the crossroads.
Lady: And the Hotel International is on your right.
Philip geht weiter.
Philip: Up this street. Straight ahead at the crossroads. Now, it's on my left. Ah, here are some hotels. Camden Hotel. Hotel Splendid. Where's the Hotel International? Oh dear, I'm lost. I'll have to ask again . . . Excuse me, how far is it to the Hotel International?
Lady: The Hotel International? It's a fourteen minutes' walk.
Philip: Fourteen minutes!
Lady: Yes. You're going the wrong way. You have to go back.
Philip: Go back!
Lady: Yes. Go along this street, and it's on your left.
Philip: Oh dear. On my left, right, left, right. I'll never find it. Left, right, left . . .

Wörter und Wendungen

go up this street ['gəu 'ʌp 'ðis 'stri:t]	gehen Sie diese Straße entlang *(Hier kann man "up" oder "down" oder "along" benutzen.)*	straight ahead ['streit ə'hed]	immer geradeaus
		splendid ['splendid]	glänzend, großartig, prächtig

Song: How far is it?

How far is it to *the one I love?*	*die Eine, die ich liebe*
She's gone across the sea.	*sie ist über das Meer gefahren*

How far is it to the one I love?
She's gone *away from me.* — *fort von mir*
The one that you love has gone away, — *die Eine, die du liebst*
I've gone across the sea. — *ich bin gefahren*
How far is it to the one you love?
As far as far can be, can be, — *unendlich weit*
Can be, can be, can be.

She's gone away and left her love,
She's gone across the sea.
How far is it to the one I love?
As far as far can be, can be,
Can be, can be, can be.

Übungen

1. Setzen Sie nach dem Beispiel des ersten Satzes die fehlenden Wörter in die Fragen und Antworten ein:
   a) *John:* Where's the nearest bank?
   Mary: Go up this street, and it's on your left.

   b) *John:* . . . . post-office?

   Mary: . . . . . . up . . . ., and . . . . right.

   c) *John:* . . . . police-station?

   Mary: . . . . along . . . ., and . . . . left.

   d) *John:* . . . . café?

   Mary: . . . . down . . . ., and . . . . left.
   Üben Sie dasselbe mit einem Partner.

2. Fragen und antworten Sie nach folgendem Beispiel:
   a) How far is it?
   Mary: It's 3 minutes by car.

b) *John:* . . . . ?

Mary: . . . . 5 . . . . bus.

c) *John:* . . . . ?

Mary: . . . . 10 . . . . foot.

d) *John:* . . . . ?

Mary: . . . . 2 . . . . taxi.

Üben Sie dasselbe mit einem Partner.

3. Verbinden Sie die Fragen und Antworten der Übungen 1 und 2 miteinander, so daß vierzeilige Dialoge entstehen. Hier ist ein Beispiel:
   John: Where's the nearest bank?
   Mary: Go up this street, and it's on your left.
   John: How far is it?
   Mary: It's three minutes by car.
   Üben Sie diese Dialoge mit einem Partner.

LEKTION 19

Monday

Was wird gelernt?

What day is it today? It's Monday the first. 1st — 99th

Mary:	It's Monday today.	*Mary:*	Heute ist Montag.
John:	No, it isn't. It's Tuesday.	*John:*	Nein, nicht Montag. Es ist Dienstag.
Mary:	Hans, what day is it today?	*Mary:*	Hans, welchen Wochentag haben wir heute?
Hans:	Monday. Monday the first.	*Hans:*	Montag. Montag, den Ersten.

So wird's verständlich:

Monday: Die englischen Wochentage heißen:

Sunday	['sʌndi]	Sonntag
Monday	['mʌndi]	Montag
Tuesday	['tju:zdi]	Dienstag
Wednesday	['wenzdi]	Mittwoch
Thursday	['θə:zdi]	Donnerstag
Friday	['fraidi]	Freitag
Saturday	['sætədi]	Sonnabend, Samstag

Wenn Sie nach dem Wochentag fragen wollen, sagen Sie: *What day is it today?*

the first: Hans hat außerdem auch noch das Datum genannt; er sagte: „Montag, der Erste." Nach dem Datum fragt man: *What's the date today?* (Welches Datum haben wir heute?) Und wenn man das Datum nennen will, so braucht man dazu die Ordnungszahlen. Hier sind die ersten zwölf:

1st	**first**	[fə:st]	**7th**	**seventh**	['sevnθ]
2nd	**second**	['sekənd]	**8th**	**eighth**	[eitθ]
3rd	**third**	[θə:d]	**9th**	**ninth**	[nainθ]
4th	**fourth**	[fɔ:θ]	**10th**	**tenth**	[tenθ]
5th	**fifth**	[fifθ]	**11th**	**eleventh**	[i'levnθ]
6th	**sixth**	[siksθ]	**12th**	**twelfth**	[twelfθ]

Von „dreizehnte(r)" bis „neunzehnte(r)" hängt man einfach **th** an die Grundzahl an:

13th	**thirteenth**	['θə:'ti:nθ]	**14th**	**fourteenth**	['fɔ:'ti:nθ]

und so weiter. Beachten Sie bitte die Betonung auf beiden Silben!

Bei „zwanzigste(r)“, „dreißigste(r)“ wird das *y* der Grundzahl zu *ie*, an das man *th* anhängt. Es heißt also:

20th	**twentieth**	['twentiiθ]	**30th**	**thirtieth**	['θə:tiiθ]

und so weiter.

Die Zahlen dazwischen werden, wie Sie sicher schon erraten haben, folgendermaßen gebildet:

21st	**twenty-first**	**66th**	**sixty-sixth**
34th	**thirty-fourth**	**75th**	**seventy-fifth**

und so weiter.

Dialog 1: It isn't Friday.

Alan Snow liegt noch im Bett. Seine Frau Jill ist schon aufgestanden. Sie ist in der Küche.

Jill: Alan! Alan! It's seven o'clock.
Alan: Seven o'clock?
Jill: Yes. It's time to get up.
Alan: Time to get up?
Jill: It's time to go to work.
Alan: Time to go to work?
Jill: Yes. It's Friday, and it's time to go to work.

Alan: Friday? It isn't Friday.
Jill: Not Friday?
Alan: No, it's Saturday. It's the weekend. It's a holiday.
Jill: It isn't Saturday. It's Friday. It's not a holiday, and it's time to go to work.
Alan: It isn't Friday. Turn on the radio.
Jill: The radio?
Alan: Yes, turn on the radio.
Radio: It's seven o'clock, on 31st October, and here is a summary of the news –
Es läutet an der Tür.
Alan: Yes, but what day is it?
Es läutet noch einmal.
Jill: It's the milkman. I'll ask him what day it is.
Alan: All right. But it's Saturday. It's not Friday.

Wörter und Wendungen

get up ['get 'ʌp]	aufstehen
it's time to get up [its 'taim tə 'get 'ʌp]	es ist Zeit zum Aufstehen
work [wə:k]	Arbeit
go to work ['gəu tə 'wə:k]	zur Arbeit gehen
weekend ['wi:k'end]	Wochenende
a holiday [ə 'hɔlədi]	ein (arbeits)freier Tag
radio ['reidiəu]	Radio
turn on the radio ['tə:n 'ɔn ðə 'reidiəu]	das Radio anstellen
on 31st October [ɔn ðə 'θə:ti'fə:st əv ɔk'təubə]	am 31. Oktober
summary ['sʌməri]	Zusammenfassung
news [nju:z]	Nachrichten
milkman ['milkmən]	Milchmann

Dialog 2: What day is it today?

Jill spricht an der Tür mit dem Milchmann.

Milkman: Good morning.
Jill: Good morning.

Milkman: Your milk, Mrs. Snow.
Jill: Thank you.
Milkman: That's thirty-five pence.
Jill: Thirty-five pence.
Milkman: Yes, for milk for one week.
Jill: Here you are.
Milkman: Thank you.
Jill: What day is it today?
Milkman: What day is it?
Jill: Yes.
Milkman: It's Friday today.
Jill: Friday!
Milkman: Yes, Friday the thirty-first.
Jill: Thank you. Goodbye.
Milkman: Goodbye.
Jill schließt die Tür.
Jill: Alan! Alan! Get up. It's Friday, not Saturday.
Alan: Friday?
Jill: Yes. Friday the thirty-first.
Alan: The thirty-first?
Jill: Yes. Get up. It's time to go to work.
Alan: Oh no, it isn't.
Jill: It isn't?
Alan: It's the thirty-first today. It's a holiday.
Jill: A holiday?
Alan: Yes. It's a holiday, and I'm going back to sleep.

Wörter und Wendungen

good morning [gud 'mɔ:niŋ]	guten Morgen	sleep [sli:p]	schlafen
milk [milk]	Milch	go back ['gəu 'bæk]	zurückgehen
week [wi:k]	Woche	I'm going back to sleep [aim 'gəuiŋ 'bæk tə 'sli:p]	ich lege mich wieder schlafen
here you are ['hiə ju 'ɑ:]	hier, bitte!		

Song: Monday

Monday, Monday: *a bad day for everyone.*	*ein schlimmer Tag für jeden*
Monday, and *it's back to work.*	*da heißt es wieder zur Arbeit gehen*
No-one looks forward to a Monday,	*niemand freut sich auf*
Monday is the first day for work.	
Tuesday, Wednesday, Thursday are *for working,*	*zum Arbeiten*
But Friday's the *last* day for work.	*letzte(r)*
We all look forward to a Friday,	
Friday is the last day for work.	
Then comes the weekend,	
the right time for *picnics,*	*Picknicks*
The weekend, that's the time for *fun.*	*Spaß, Vergnügen*
We all look forward to the weekend,	
When *our week's work is done,*	*unsere Arbeit für die Woche ist getan*
when our week's work is done.	

Übungen

1. Tragen Sie die Wochentage in diesen Kalender ein:

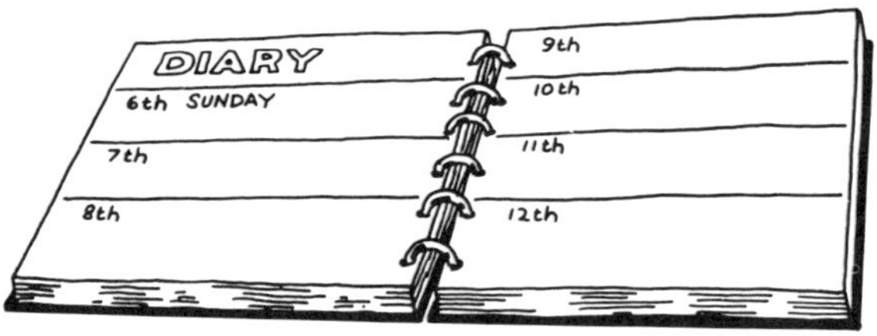

2. Fragen und antworten Sie nach folgendem Beispiel:

a) What day is it today?
It's Monday.
Monday the sixth.

b) ....

....

....

c) ....

....

....

d) ....

....

....

e) ....

....

....

f) ....

....

....

Üben Sie dasselbe mit einem Partner.

3. Berichtigen Sie die Fehler wie in folgendem Beispiel:

a) It's Sunday the ninth.
No, it isn't.
It's Tuesday the fourteenth.

b) It's Friday the first.

. . . .

. . . .

c) It's Tuesday the fourteenth.

. . . .

. . . .

4. Sprechen Sie folgende Zahlen englisch laut aus:
4th 19th 11th 2nd 31st 12th 3rd 7th 24th

LEKTION 20

At Exactly Half Past Three

Was wird gelernt?

It's ten past four. It's exactly twenty-six minutes past three.

John: What's the time, Mary?
Mary: It's about twenty-five past three.
John: No, I mean the exact time.
Mary: Oh. It's exactly twenty-six minutes past three.

John: Wie spät ist es, Mary?
Mary: Es ist ungefähr fünf (Minuten) vor halb vier.
John: Nein, ich möchte die genaue Zeit wissen.
Mary: Ach so. Es ist genau sechsundzwanzig Minuten nach drei.

So wird's verständlich:

past/to: In den Lektionen 5, 6, 9 und 15 ging es um die Uhrzeit, und zwar in Lektion 5 und 6 um die vollen, in Lektion 9 um die halben Stunden und in Lektion 15 um die Viertelstunden. Jetzt wollen wir uns mit den anderen Zeitangaben befassen – fünf, zehn, zwanzig und fünfundzwanzig Minuten vor und nach der vollen Stunde. Hier einige Beispiele dafür:

3.05 It's five past three.	*3.35 It's twenty-five to four.*
3.10 It's ten past three.	*3.40 It's twenty to four.*
3.20 It's twenty past three.	*3.50 It's ten to four.*
3.25 It's twenty-five past three.	*3.55 It's five to four.*

Beachten Sie bitte, daß man im allgemeinen das Wort *minutes* (Minuten) bei Zeitangaben auf 5, 10, 15 usw. Minuten nicht verwendet (obwohl das nicht falsch wäre). Bei anderen Zeitangaben wird jedoch das Wort *minutes* hinzugefügt, zum Beispiel:

3.12 It's twelve minutes past three.
3.26 It's twenty-six minutes past three.
3.42 It's eighteen minutes to four.
3.57 It's three minutes to four.

Bei Ankunfts- und Abfahrtszeiten liest man jedoch, wie Sie es in solchen Fällen auch vom Deutschen gewöhnt sind, folgendermaßen: *3.57 three fifty-seven.*

Dialog 1: The time, the date and the day!

Alan ist beim Einkaufen. Er kauft ein Geschenk für seine Frau.

Alan: Good morning.
Assistant: Good morning.
Alan: I want a watch.
Assistant: A watch?
Alan: Yes. A good one. About twenty pounds.
Assistant: Twenty pounds. Here's a nice one.

Alan: Yes, I see. How much is it?

Assistant: Sixteen pounds.

Alan: Hmmm. Can I see another one?

Assistant: Certainly. Here's a nice one. It tells the time and the date.

Alan: The time and the date!

Assistant: Yes. It's twenty past two.

Alan: Yes, twenty past two.

Assistant: And it's the fifteenth.

Alan: Yes, the fifteenth. My wife's birthday. It's nice. How much is it?

Assistant: Eighteen pounds.

Alan: Hmmm. Can I see another one?

Assistant: Certainly. Here's a nice one. It tells the time, the date and the day.

Alan: The time and the date and the day!

Assistant: Yes. It's twenty-two minutes past two. It's Tuesday, and it's the fifteenth.

Alan: That's very nice. How much is it?

Assistant: Twenty-two pounds, fifty.

Alan: Twenty-two pounds, fifty pence. Yes, I'll take it. Can you wrap it up nicely, please? It's a present for my wife.
It's her birthday.

Assistant: Of course.

Wörter und Wendungen

assistant [ə'sistənt]	Verkäufer(in)
watch [wɔtʃ]	*(Armband)*Uhr
about twenty pounds [ə'baut 'twenti 'paundz]	ungefähr zwanzig Pfund
nice [nais]	nett, hübsch
a nice one [ə 'nais wʌn]	eine hübsche *(Uhr)*
hmmm [hm]	hm *(Alan überlegt)*
can I see another one?*) [kən ai 'si: ə'nʌðə wʌn]	kann ich noch eine andere sehen? würden Sie mir noch eine andere zeigen?
tell [tel]	*hier:* anzeigen
it tells the time [it 'telz ðə 'taim]	sie *(die Uhr)* zeigt die Zeit an
birthday ['bə:θdei]	Geburtstag
my wife's birthday [mai 'waifs 'bə:θdei]	der Geburtstag meiner Frau
take [teik]	nehmen
I'll take it [ail 'teik it]	ich werde sie *(die Uhr)* nehmen, ich nehme sie
wrap up ['ræp 'ʌp]	einwickeln
can you wrap it up? [kæn ju 'ræp it 'ʌp]	können Sie sie *(die Uhr)* bitte einpacken?
nicely ['naisli]	*(auf)* hübsch*(e Weise)*
present ['preznt]	Geschenk
of course [əv 'kɔ:z]	natürlich

*) *Can I see another one?* Hier ist *can I* Einleitung einer Bitte um Erlaubnis. *Can you wrap it up?* In diesem Satz leitet *can you* eine Bitte oder Aufforderung an jemand ein, etwas zu tun, wie zum Beispiel auch in *Can you tell me ...?* in Lektion 15 und 16. Beide Ausdrücke kommen sehr häufig vor. Mit *can* werden wir uns später noch näher befassen.

Dialog 2: Nine minutes past five

Alan hat seiner Frau Jill die neue Uhr geschenkt. Jill freut sich sehr darüber.

Jill: What a lovely watch!
Alan: Yes, it tells the time and the date and the day.
Jill: The time, the date and the day!
Alan: Yes, look. It's exactly nine minutes past five.
Jill: Good!
Alan: And what day is it?

Jill: It's Tuesday.
Alan: Look. Tuesday! And what date is it?
Jill: It's, er, it's the fifteenth today.
Alan: Yes, today's your birthday. It's the fifteenth.
Jill: No, my birthday's tomorrow.
Alan: Tomorrow? Oh dear! I need a watch like this too.

Wörter und Wendungen

exactly [ig'zæktli]	*(auf)* genau*(e Weise)*	need [ni:d]	brauchen
er [ʌ:, ə:]	äh *(Jill zögert)*	a watch like this [ə 'wɔtʃ laik 'ðis]	so eine Uhr

Song: At exactly half past three

I'm off on holiday, — *ich fahre in den Urlaub*
I'm going down by the sea,
And my train *leaves* the station — *fährt ab von*
At exactly half past three.

I'm off on holiday,
I'm off to the countryside, — *ich fahre aufs Land*
And my train leaves the station
At exactly half past five.

We're off on holiday,
To the sea and the countryside,
My train leaves the station at half past three.
And *mine* at half past five. — *meiner*

Übungen

1. Schreiben Sie einen zweiten Dialog nach dem Beispiel des ersten:

a) *Alan:* How much is it?
Assistant: It's about seven pounds.
Alan: No, I mean: How much is it exactly?
Assistant: It's exactly seven pounds twenty-two pence.

b) *Alan:* ....
Assistant: ....
Alan: ....
Assistant: ....

2. Sagen Sie, wie spät es ist, und zwar zunächst ungefähr und dann genau, wie im Beispiel:

a) It's about ten past six.
It's exactly twelve minutes past six.

b) ....
....

c) ....
....

d) ....

....

3. Beantworten Sie die folgenden Fragen:

What time is it now? ....

What day is it today? ....

What's the date today? ....

4. Beantworten Sie die folgenden Fragen zu Ihrer Person:

What is your name? ....

Are you English? ....

What date is your birthday? ....

Die englischen Monatsnamen sind:

January	['dʒænjuəri]	Januar	**July**	[dʒu'lai]	Juli
February	['februəri]	Februar	**August**	['ɔ:gəst]	August
March	[ma:tʃ]	März	**September**	[sep'tembə]	September
April	['eiprəl]	April	**October**	[ɔk'təubə]	Oktober
May	[mei]	Mai	**November**	[nəu'vembə]	November
June	[dʒu:n]	Juni	**December**	[di'sembə]	Dezember

Seinen Geburtstag gibt man so an: *My birthday is November 2nd.*

LEKTION 21

Come In and Listen to Me

Was wird gelernt?

Come in. Don't . . .

John: Come in!
Stranger: Excuse me, is this the police-station?
John: No, it isn't. Now, please go out –
Stranger: I'm sorry.
John: And close the door, and go away!

John: Herein!
Fremder: Entschuldigen Sie, ist dies das Polizeirevier?
John: Nein. Gehen Sie jetzt bitte wieder –
Fremder: Entschuldigen Sie.
John: Und schließen Sie die Tür und gehen Sie!

So wird's verständlich:

go out/close the door/go away: Dies sind alles Befehlsformen (Imperative). Wie man Anweisungen gibt, haben Sie bereits in Lektion 17 und 18 geübt. Dort wurde auch schon erwähnt, daß diese Form im Englischen sehr einfach zu bilden ist, da sie der Grundform des Zeitworts, dem Infinitiv, entspricht. Und Sie werden auch noch wissen, daß die Befehlsform unveränderlich ist, ob man eine oder mehrere Personen anspricht.

In dieser Lektion wollen wir nun besonders auf die verneinte Form der Befehlsform eingehen, die eigentlich ein Verbot ist. Um ein solches Verbot auszudrücken, setzt man einfach *don't* vor die bejahende Form. (*Don't* ist die verkürzte Form von *do not* „tue nicht", „tun Sie nicht"). Hier ein Beispiel:

Close *the door.*
Don't close *the door.*

Man verwendet die Befehlsform, um jemandem Anweisungen zu geben und Befehle zu erteilen, aber auch, um freundliche Aufforderungen auszusprechen, indem man noch ein *please* voranstellt oder folgen läßt.

Dialog 1: Stand up, sit down.

Arthur Green leidet an Schluckauf und sucht daher den Arzt auf.

Doctor: Come in! . . . Good morning. Mr. Green?
Arthur: Yes, doctor.
Doctor: How are you today?
Arthur: I'm very well, *(hick!)* thank you, doctor.
Doctor: Oh! Why are you here then?
Arthur: I've got *(hick!)* hiccups, doctor, I can't stop them. *(hick!)*
Doctor: Hmm . . . O.K. Stand up . . . No. Don't stand up, sit down . . . No, no. Don't sit down, stand up . . . Da-da-da-dum, da-dee-da-da-dee, stand up, sit down, stand up, sit down, –
Arthur: Doc – *(hick!)* – tor!
Doctor: Yes?
Arthur: My *(hick!)* hiccups.
Doctor: Ah yes. Stand up. Now, open your mouth, and say "Aah!"
Arthur: "Urr!" *(hick!)*
Doctor: Don't say "Urr", say "Aah!"
Arthur: "Aah!" *(hick!)*

Doctor: Yes, you've got hiccups.
Arthur: Yes, doctor. *(hick!)* What can I do?
Doctor: Go home.
Arthur: Go home? *(hick!)*
Doctor: Yes. Go home. Sit down. Close your eyes. Open your mouth. Drink six cups of tea, and eat four bananas.
Arthur: Go home. *(hick!)* Sit down. *(hick!)* Open my eyes –
Doctor: No, no, no. Don't *open* your eyes. *Close* your eyes.
Arthur: O.K. *(hick!)* Drink six cups of tea, and eat four apples.
Doctor: No. Don't eat four *apples*. Eat four *bananas*.
Arthur: Four bananas. *(hick!)* Yes.
Doctor: O.K.?
Arthur: Yes, thank you, *(hick!)* doctor. *(hick!)*
Doctor: Da-da-da-dum, da-dee-da-da- sit down, stand up . . .

Wörter und Wendungen

doctor ['dɔktə]	Arzt *("Doctor" ist die übliche Anrede für einen Arzt.)*	stand up ['stænd 'ʌp]	stehen Sie auf!
hiccups, hiccoughs ['hikʌps]	Schluckauf	sit down ['sit 'daun]	setzen Sie sich (hin)
I've got [aiv 'gɔt]	ich habe	open ['əupən]	öffnen, aufmachen
I can't stop them [ai 'ka:nt 'stɔp ðəm]	ich kann nichts dagegen *(gegen diese Anfälle)* tun	mouth [mauθ]	Mund
O.K. ['əu'kei]	O.K., na schön, schon gut	say [sei]	sagen
		you've got [ju:v 'gɔt]	Sie haben
		what can I do? ['wɔt kən ai 'du:]	was kann ich *(dagegen)* tun?
		eyes [aiz]	Augen

Dialog 2: Read the doctor's note.

Arthur ist zu Hause bei seiner Frau Ethel und will nun die Ratschläge des Arztes befolgen.

Ethel: . . . . three, four, five, six cups of tea.
Arthur: And the *(hick!)* bananas?

Ethel:	Yes. Four bananas. One, two, three, four. There! Oh, Arthur, this is stupid!
Arthur:	Listen, Ethel. Read *(hick!)* the doctor's note.
Ethel:	O.K. One: Go home.
Arthur:	Yes. *(hick!)* I'm at home.
Ethel:	Two: Sit down.
Arthur:	O.K. *(hick!)*
Ethel:	Three: Close your eyes.
Arthur:	O.K. *(hick!)*
Ethel:	Four: Open your mouth.
Arthur:	O.K. *(hick!)*
Ethel:	Five: Drink six cups of tea.
Arthur:	O.K. *(hick!)*
Ethel:	And six: Eat four bananas.
Arthur:	O.K. *(hick!)*
	Pause
Ethel:	How are you now, Arthur?
	Pause
Arthur:	*(hick!)*
Ethel:	Oh Arthur! Wait a moment.
Arthur:	What? *(hick!)* Where are you?
	Ethel schleicht sich von hinten an Arthur heran und läßt ein schweres Tablett mit lautem Krach zu Boden fallen.
	Aaaaah! What on earth . . . ? Ethel, my hiccups.

Wörter und Wendungen

stupid ['stju:pid]	dumm, blöd	note [nəut]	Notiz, Zettel
read [ri:d]	(vor)lesen		

Song: Come in and listen to me.

Look at the time. It's very late.	*Sieh auf die Uhr!*
I'm tired and I want to sleep.	
It's *very nearly* three o'clock.	*schon fast*
Please listen to me.	

Come in and listen to me,
Sit down and drink some tea,
Listen to what I say, *Hör zu, was ich sage*
Please don't go away.

Look at the time. It's very late.
I'm tired and it's nearly four.
I'm very tired and I want to go.
Please don't close the door.

Come in and listen to me,
Sit down and drink some tea,
Listen to what I say,
Please don't go away.

Übungen

1. Erinnern Sie sich noch, was der Arzt Arthur gesagt hat?
   Fügen Sie die richtigen Befehlsformen ein:

   a) . . . . . home. c) . . . . . your eyes. e) . . . . . six cups of tea.

   b) . . . . . down. d) . . . . . your mouth. f) . . . . . four bananas.

2. Sagen Sie das Gegenteil. Widersprechen Sie den Anweisungen nach folgendem Beispiel:

   a) Sit down. Don't sit down.

   b) Come in. . . . .

   c) Close your eyes. . . . .

   d) Open your mouth. . . . .

   e) Go away. . . . .

3. Erteilen Sie einem Freund Ratschläge. Die Beispiele zeigen Ihnen, wie Sie das tun können:

a) I'm tired.	Sit down.
b) I'm hungry.	....
c) I'm thirsty.	....
d) I want to cash a cheque.	Go to the bank.
e) I want to post a letter.	....
f) I want to catch a bus.	....

Üben Sie dasselbe mit einem Partner.

LEKTION 22

I Can See the Sky

Was wird gelernt?

can, can't **Can you ...?** **Yes, I can.** **No, I can't.**

John: Mary, can you swim?	*John:* Mary, kannst du schwimmen?
Mary: Yes, I can swim, but –	*Mary:* Ja, das kann ich, aber –
John: Can you drive?	*John:* Kannst du Auto fahren?
Mary: Yes, I can.	*Mary:* Ja, das kann ich.
John: Good. Can you drive me to the seaside on Saturday?	*John:* Gut. Kannst du mich am Sonnabend an die See fahren?

So wird's verständlich:

can, can't: Das Wort *can* ist Ihnen bereits mehrfach begegnet. In Lektion 15 und 16 wurde die höfliche Form der Frage geübt, die mit *Can you tell me ...?* gebildet wird:

Can you *tell me your name, please?*
Can you *tell me the time, please?*
Can you *tell me the way to the bank?*

Alan fragte in Lektion 20: *Can you wrap it up nicely, please?* Und außerdem trat *can* in Fragen, die mit *Can I ...?* gebildet werden, auf. (Lektion 8, Janes Frage: *Can I have three apples, please?;* Lektion 20, Alans Frage: *Can I see another one?*)
Im Grunde drückt *can* eine Fähigkeit aus: *I can swim.* (Ich kann schwimmen.) In dieser Lektion wollen wir Beispiele dafür geben, aber auch für die Verwendung von *can* in der höflichen Frage. Da *can* für alle Personen die gleiche Form hat und da auf *can* immer die Grundform des Zeitworts folgt, ist eigentlich alles ganz einfach:

Bejahend	Verneinend
I can *swim.*	**He can't** [kɑːnt] *swim.*
John can *drive.*	**Mr. Smith can't** *drive.*
We can *speak English.*	**They can't** *speak Japanese.*

In der Verneinung ist *can't* die im gesprochenen Englisch gebrauchte verkürzte Form von *cannot.* Beachten Sie, daß *cannot* in einem Wort geschrieben wird! Die Aussprache von *can't* ist [kɑːnt]!
Die Frageform ist ebenso einfach zu bilden, indem man die Wortfolge Hauptwort (oder Fürwort) – *can* umkehrt, also: *can* – Hauptwort (oder Fürwort). Es heißt demnach in der

Frage

Can you *swim?*
Can Mary *drive?*
Can they *speak English?*

Bei der Antwort auf diese Fragen wird *can* wiederholt: *Yes, I can. Yes, she can.* usw. In der verneinenden Antwort steht im gesprochenen Englisch die verkürzte Form: *No, they can't.* usw.

Dialog 1: I can't understand Japanese.

Mr. und Mrs. Green sind gerade in Japan angekommen und stehen an der Zollabfertigung.

Mrs. Green: What's that, Arthur? I can't understand him.
Mr. Green: It's Japanese. I can't understand Japanese.
Mrs. Green: Speak English please.
Customs-Officer: English?
Mr. Green: Yes, English. Can you speak English?
Customs-Officer: Yes, I can speak English.
Mrs. Green: Oh, good.
Customs-Officer: Can you tell me your names, please?
Mr. Green: Mr. and Mrs. Green.
Customs-Officer: Ah, ha. Can I see your passports?
Mr. Green: Yes.
Customs-Officer: Thank you. Where are your cases?
Mrs. Green: Here. These two.
Customs-Officer: Can I see them, please?
Mr. Green: See them? Ah.
Customs-Officer: Yes. Can you open your cases?
Mrs. Green: Open them?
Mr. and Mrs. Green: No we can't.
Customs-Officer: You can't what?
Mr. Green: We can't open our cases.
Customs-Officer: Why not?
Mrs. Green: We haven't got the keys.

Mr. Green:	And we can't open our cases –
Mrs. Green:	if we haven't got the keys.
Customs-Officer:	You haven't got the keys, eh? Hmm . . . I think I can open them. Look! Ah-ha!
	Es kommen Hunderte von Armbanduhren zum Vorschein.

Wörter und Wendungen

customs-officer ['kʌstəmz'ɔfisə]	Zollbeamter	these [ði:z]	diese *(Mehrzahl)*
		them [ðəm]	sie *(Mehrzahl)*
understand [ʌndə'stænd]	verstehen	keys [ki:z]	Schlüssel *(Mehrzahl)*
Japanese [dʒæpə'ni:z]	japanisch; Japanisch	we haven't got the keys [wi 'hævnt 'gɔt ðə 'ki:z]	wir haben die Schlüssel nicht
ah, ha [ɑ'hɑ:]	aha!; sieh mal an!		
passport ['pɑ:spɔ:t]	Reisepaß	if [if]	wenn, falls
		I think [ai 'θiŋk]	ich glaube
case [keis]	Koffer		

Dialog 2: We can't stay.

Der Zollbeamte hat in Mr. und Mrs. Greens Koffern eine große Anzahl Armbanduhren gefunden.

Customs-Officer:	What's this?
Mr. Green:	Er . . . two hundred and fifty-three watches.
Customs-Officer:	Two hundred and fifty-three watches!
Mrs. Green:	Yes.
Customs-Officer:	You can't come into Japan with two hundred and fifty-three watches in your cases.
Mrs. Green:	Can't we?
Customs Officer:	No.
Mr. Green:	Why not?
Customs-Officer:	Because you can't. It's illegal.
Mrs. Green:	Illegal? Oh . . . er . . . sorry. Can we go back to England with them?

Customs-Officer: No, you can't.
Mr. Green: We can't come into Japan –
Mrs. Green: And we can't go back to England.
Customs-Officer: No.
Mr. Green: Can you tell me the time please?
Customs-Officer: The time?
Mr. Green: Yes. Can you tell me the time?
Customs-Officer: It's . . . half past two. But –
Mrs. Green: Half past two!
Mr. Green: It's very late.
Mrs. Green: We can't stay. Sorry!
Sie laufen weg.
Customs-Officer: Hey! Come back! Come back!

Wörter und Wendungen

watches ['wɔtʃiz]	*(Armband)*Uhren	England ['iŋglənd]	England
watch [wɔtʃ]	*(Armband)*Uhr	stay [stei]	bleiben
Japan [dʒə'pæn]	Japan	hey! [hei]	he!
illegal [i'li:gəl]	gesetzwidrig, verboten	come back ['kʌm 'bæk]	kommen Sie zurück!

Song: I can see the sky.

People have houses in the city, — *manche Leute haben ein Haus in der Stadt*
I can't understand why;
I've got a house in the country, — *ich habe*
I can see the sky,
In the country.

You can't go to restaurants,
You can't go to banks,
You can't go to the cinema,
A house in the country? *No, thanks,* — *nein, danke*
in the city.

You can't see the sky,
You can't *feel the breeze,* — *den leichten Wind spüren*

You can't speak to your neighbours,
You can't see the *trees,* in the city. — *Bäume*

People have houses in the city,
I can't understand why;
I've got a house in the country,
I can see the sky,
In the country.

Übungen

1. Sehen Sie sich noch einmal die beiden Dialoge an und setzen Sie dann in folgende Sätze *can* oder *can't* ein. Die Aussagen sollen denen in den Dialogen nicht widersprechen:

   a) Mr. Green . . . . speak Japanese.

   b) Mrs. Green . . . . understand the Customs-Officer.

   c) Mr. Green . . . . understand Japanese.

   d) The Customs-Officer . . . . . . speak English.

   e) Mr. and Mrs. Green . . . . open their cases.

   f) The Customs-Officer . . . . . open their cases.

   g) Mr. and Mrs. Green . . . . come into Japan with the watches.

   h) They . . . . go back to England with them.

2. Geben Sie auf diese an Sie gerichteten Fragen kurze Antworten *(Yes, I can./No, I can't.):*
   Can you swim? . . . .

Can you drive? ....

Can you speak German? ....

Can you understand Japanese? ....

Can you speak English? Yes! ....

Can you understand English? Yes! ....

Stellen Sie die gleichen Fragen Ihrem Partner.

LEKTION 23

We've Got Brothers and Sisters Everywhere

Was wird gelernt?

I/You/We/They've got . . . **I/You/We/They haven't got . . .**

Have you got . . .?

John:	Hic! I've got hiccups.	*John:*	Hick! Ich habe Schluckauf.
Mary:	Drink some water.	*Mary:*	Trink ein bißchen Wasser.
John:	I can't. I haven't got any water.	*John:*	Ich kann nicht. Ich habe kein Wasser.
Mary:	Here. I've got some. Drink this.	*Mary:*	Ich habe welches. Trink es.
John:	Thank you.	*John:*	Danke.

So wird's verständlich:

have got: In Lektion 22 sagten Mr. und Mrs. Green: *We haven't got the keys.* (Wir haben die Schlüssel nicht.) *Have got* drückt einen Besitz aus. Wir wollen uns in dieser Lektion etwas näher damit befassen. *Have got* wird in Verbindung mit *I, you, we* und *they* gebraucht. Die verkürzte Form heißt *'ve got*. Man sagt also zum Beispiel:

I've got *two brothers.*	Ich habe zwei Brüder.
You've got *three sisters.*	Du hast drei Schwestern.
We've got *a nice house.*	Wir haben ein hübsches Haus.
They've got *some bananas.*	Sie haben Bananen.

Bejahend kann man auch sagen: *I have two brothers. You have three sisters.* usw., das *got* also fortlassen.

haven't got: Die Verneinung wird, wie üblich, mit *not* gebildet: . . . *have not got*. Die verkürzte gesprochene Form ist *haven't got*, zum Beispiel:

You haven't got *a car.*
You haven't got *twelve sisters.*

Have you got . . . ? In der Frage wird die Wortfolge wieder umgestellt:

Have you got *a car?*
Have they got *a nice house?*

Auf solche Fragen werden gewöhnlich kurze Antworten gegeben:

Yes, I have.
No, they haven't.

Dialog 1: I've got a gun.

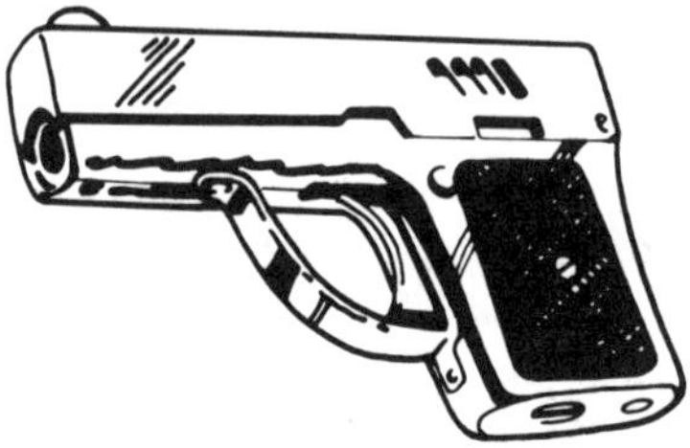

Alan geht eine einsame Straße entlang. Da begegnet ihm jemand, der ein gefährlicher Dieb zu sein scheint.

Thief: Put up your hands!
Alan: What?
Thief: Put up your hands. I've got a gun.
Alan: I can see you've got a gun. What do you want? Money?
Thief: Yes. Give me twenty-five pounds.
Alan: I haven't got twenty-five pounds.
Thief: Don't be stupid! You can see I've got a gun. £25!
Alan: Listen! I have *not* got £25!
Thief: O.K., O.K. Give me £20.
Alan: I haven't *got* £20.
Thief: £15.
Alan: I haven't got £15.
Thief: O.K. £10, and I'll go.
Alan: Listen. I haven't got £10. I haven't got £5. I haven't got £1.
Thief: Have you got fifty pence?
Alan: No, I haven't got 50p or 20p or 10p –
Thief: You haven't got 10p?
Alan: No, I haven't got any money at all.
Thief: Have you got a brother?
Alan: A brother?
Thief: Yes. Or a sister?
Alan: Well, I've got one brother and two sisters. Why?
Thief: Perhaps *they*'ve got some money.
Alan: No, *they* haven't got any money, and *I* haven't got any money.
Thief: Have you got a watch?

Alan: No.
Thief: Have you got a cheque?
Alan: No, but . . . I've got a gun. Put up your hands.

Wörter und Wendungen

thief [θi:f]	Dieb	gun [gʌn]	Gewehr, Schußwaffe
hands [hændz]	Hände	what do you want? ['wɔt du ju 'wɔnt]	was wollen Sie?
put up your hands ['put 'ʌp jɔ: 'hændz]	nehmen Sie die Hände hoch!	give me ['giv mi]	geben Sie mir
		at all [ət 'ɔ:l]	überhaupt

Dialog 2: We haven't got five pounds.

Alan und der Dieb sind immer noch auf der Straße und streiten.

Alan: *Put up your hands.* I've got a gun too
Thief: No, *you* put up *your* hands. I'm the thief.
Alan: Put up your hands.
Thief: No, *you* put –
Ein Mädchen kommt dazu und bleibt stehen.
Girl: Put up your hands.
Alan: What?
Thief: What?
Girl: Put up your hands. I've got a gun.
Thief: We can see you've got a gun. What do you want?
Girl: Money.
Alan: Money?
Thief: Money?
Girl: Yes. Give me £35. Twenty-five from *you* –
Thief: I haven't got £25!
Girl: And ten from you.
Alan: I haven't got £10.
Girl: O.K. £5 from you, and £5 from you.
Thief: Listen. We haven't got £5.

Alan: We haven't got £2.
Thief: We haven't got £1.
Alan: We haven't got any money at all.
Girl: O.K. Give me your guns.
Thief: Guns? Oh yes, we've got guns, haven't we?
Alan: Oh yes.
Alan: / *Thief:* } Put up your hands.
Girl: No, *you* put up *your* hands.
Thief: No, listen, *I*'m the thief . . .
Der Streit geht weiter.

Wörter und Wendungen

haven't we? ['hævnt wi] — nicht wahr?

Erwartet man die Zustimmung seines Gesprächspartners zu dem, was man gesagt hat, so erweitert man den Satz um so ein „Anhängsel" wie *haven't we?*, das man mit fallendem Tonfall spricht.
Das Zeitwort in diesem Frageanhängsel ist dasselbe wie in dem vorausgehenden Satz. Ist dieser Satz bejahend, so ist das Frageanhängsel verneinend und umgekehrt. Ein paar Beispiele werden alles klarmachen:

*We***'ve** *got guns,* **haven't we?**	Wir haben Gewehre, nicht wahr?
We **aren't** *late,* **are we?**	Wir kommen doch nicht zu spät, nicht wahr?
*You***'re** *a thief,* **aren't you?**	Sie sind ein Dieb, nicht wahr?
He **can** *swim,* **can't he?**	Er kann doch schwimmen, oder etwa nicht?

Song: We've got brothers and sisters everywhere.

We've got a happy song,
It isn't very *long,* — *lang*
But we haven't got any money *to spare;* — *übrig*

I've got you, and you've got me,
Open your eyes, and you can see:
We've got brothers and sisters *everywhere*. — *überall*

Have you got a watch?
Have you got a gun?
Have you got *a million* pounds? — *eine Million*
Have you got one?

I haven't got a watch,
I haven't got a gun,
I haven't got a million pounds,
I haven't got one.

We've got a happy song,
It isn't very long,
But we haven't got any money to spare;
I've got you and you've got me,
Open your eyes, and you can see:
We've got brothers and sisters everywhere.

Übungen

1. Bilden Sie aus den gegebenen Wörtern bejahende Sätze nach dem Beispiel des ersten Satzes:
   a) We/a nice house — We've got a nice house.
   b) I/two sisters — . . . .
   c) They/some bananas — . . . .
   d) You/a nice car — . . . .
   e) We/one brother — . . . .

2. Stellen Sie Fragen mit den gegebenen Wörtern:

a) you/any money? Have you got any money?

b) they/a nice house? . . . .

c) we/any coffee? . . . .

d) I/your key? . . . .

e) you/a car? . . . .

3. Beantworten Sie diese an Sie gerichteten Fragen mit kurzen Antworten wie *Yes, I have* oder *No, I haven't.*

Have you got any brothers? . . . .

Have you got any sisters? . . . .

Have you got a watch? . . . .

Have you got 25 cousins? . . . .

Have you got a million pounds? . . . .

Stellen Sie diese Fragen Ihrem Partner.

LEKTION 24

The Milkman's Got Some Milk

Was wird gelernt?

He/She's got . . .   He/She hasn't got . . .   Has he/she got . . . ?

John: Has Mr. Green got any children?	*John:* Hat Mr. Green Kinder?
Mary: Yes, he has. He's got four daughters.	*Mary:* Ja. Er hat vier Töchter.
John: Has he got any sons?	*John:* Hat er Söhne?
Mary: Yes, he's got four sons. Has he got any money?	*Mary:* Ja, er hat vier Söhne. Hat er Geld?
John: No, he hasn't.	*John:* Nein (Geld hat er nicht).

So wird's verständlich:

has got: In Lektion 23 haben Sie gesehen, daß man ein Besitzverhältnis mit *have got* ausdrückt und daß diese Form für *I, you, we* und *they* gebraucht wird. In Verbindung mit *he* und *she* heißt es dagegen *has got* oder als verkürzte Form beim Sprechen *'s got*. Bejahende Sätze, Fragen, verneinende Sätze werden alle ebenso gebildet, wie Sie es in Lektion 23 gelernt haben, nur steht statt *have* die Form *has*. Einige Beispiele dafür:

He's got *a car.*
She's got *a car.*
He hasn't got *a million pounds.*
Has she got *a car? Yes,* **she has.**

Eine vollständige Übersicht über alle Fürwörter in Verbindung mit *have/has* sieht also so aus:

I *You* *We* *They*	*have got*	*a car* *a house* *a gun*
He *She* *It*	*has got*	

brothers: Aus Lektion 23 kennen Sie die englischen Bezeichnungen für einige Familienmitglieder: *brothers, sisters, cousins.* Hier ist eine Übersicht über die wichtigsten Bezeichnungen für Familienmitglieder:

mother	Mutter	*brother*	Bruder	*son*	Sohn
father	Vater	*sister*	Schwester	*daughter*	Tochter
wife	Ehefrau	*aunt*	Tante	*grandson*	Enkel
husband	Ehemann	*uncle*	Onkel	*grand-daughter*	Enkelin
cousin	Vetter, Kusine	*grand-father*	Großvater	*grand-mother*	Groß-mutter

Dialog 1: He's got a big nose.

Arthur und seine Frau Ethel sind zu Hause. Arthur hört sich die Nachrichten im Radio an.

Radio: The escaped prisoner is a man. His name is Henry Smith. He's got big eyes, a big mouth and a big nose. The police want to catch him. He hasn't got any money, but he's got a gun, and he's dangerous.

Arthur: Hmm. Ethel!

Ethel: Yes?

Arthur: The police want a man. His name's Henry Smith.

Ethel: Oh yes?

Arthur: Yes. He's got big eyes.

Ethel: Ooh!

Arthur: And he's got a big mouth and a big nose too.

Ethel: Ooh!

Es klopft an der Tür.

Ethel: Ooh! Arthur, there's a man at the door.

Arthur: Oh yes. Go and open the door.

Ethel: But he's got big eyes.

Arthur: Big eyes, eh?

Ethel: Yes. And he's got a big mouth, *and* a big nose.

Arthur: Has he got any money?

Ethel: I can't see if he's got any money.

Arthur: Oh no. Well, has he got a gun?

Ethel: I can't *see* a gun.

Arthur: Oh?

Ethel: But perhaps he's got one.

Es klopft wieder.

Ooh, Arthur. Come and see.

Arthur: Er . . . ah . . . yes. O.K.

Er geht zu Ethel ans Fenster.

Ethel, what has he got in his hand?

Ethel:	Some milk, Arthur.
Arthur:	Yes, Ethel. Some milk. That's not Henry Smith –
Ethel:	No?
Arthur:	No, it's the milkman.
Ethel:	Ooh.

Wörter und Wendungen

escape [is'keip]	(ent)fliehen	mouth [mauθ]	Mund
prisoner ['priznə]	Gefangener, Häftling	nose [nəuz]	Nase
		police [pə'li:s]	Polizei
the escaped prisoner [ði is'keipt 'priznə]	der entflohene Häftling	catch [kætʃ]	(ein)fangen, fassen
		dangerous ['deindʒrəs]	gefährlich
big [big]	groß	hand [hænd]	Hand
there's ['ðɛəz]	da ist, es ist		

Dialog 2: Has he got big eyes?

Ethel und Arthur sind immer noch zu Hause. Es ist fünf Minuten später.

Arthur:	The milkman! Ha, ha! "I can't *see* a gun . . . but perhaps he's got one". Ha, ha!
Ethel:	Ooh, Arthur! Arthur, there's a man at the door.
Arthur:	Is it the milkman again?
Ethel:	No.
Arthur:	It isn't the milkman?
Ethel:	No.
Arthur:	Is it Henry Smith, the escaped prisoner?
Ethel:	I –
Arthur:	Has he got big eyes?
Ethel:	Yes, he has.
Arthur:	Has he got a big mouth?
Ethel:	Yes, he has.
Arthur:	Has he got a big nose?
Ethel:	Yes, he has.

Arthur: Has he got any money?
Ethel: No. But he's got a gun.
Arthur: He's got a gun. Ah. Don't open the door, Ethel. Don't go to the door –
H. Smith: Er, excuse me. I'm Henry Smith, the escaped prisoner, and I'm very thirsty. Have you got any milk?
Arthur: / *Ethel:* Milk?
H. Smith: Yes. The milkman hasn't got any left.

Wörter und Wendungen

ha, ha! [hɑ:'hɑ:]	haha!	hasn't got any left ['hæznt 'gɔt 'eni 'left]	hat keine *(Milch)* mehr (übrig)
again [ə'gen]	wieder		

Song: The milkman's got some milk.

He's got a very big mouth,
He's got very big hands,
He's got a very big nose,
He's a very big man.

The milkman's got some milk,
He's got some money too,
He's got some milk *for me*, — *für mich*
He's got some milk for you.

The prisoner's got big eyes,
The prisoner's got a gun,
He hasn't got a million pounds,
He hasn't got one.

He's got a very big mouth,
He's got very big hands,
He's got a very big nose,
He's a very big man.

Übungen

1. Beantworten Sie folgende Fragen über den Milchmann und den Häftling aus dem Dialog und dem Lied mit kurzen Antworten wie *Yes, he has* oder *No, he hasn't:*
   a) Has the prisoner got a gun? ....

   b) Has the milkman got a gun? ....

   c) Has the prisoner got any more? ....

   d) Has the milkman got any money? ....

   e) Has the prisoner got big eyes? ....

   f) Has the milkman got big eyes? ....

   g) Has the prisoner got £1 million? ....

   h) Has the milkman got a big nose? ....

   Richten Sie diese Fragen an Ihren Partner.

2. Bilden Sie nach dem Beispiel bejahende Sätze:
   a) Mr. Green/a big house He's got a big house.

   b) Mary/two sisters ....

   c) John/big eyes ....

   d) Anne/some money ....

   e) The milkman/some milk ....

3. Setzen Sie *have* oder *has* ein:

   a) We .... got some coffee.

   b) Susan .... got three brothers.

   c) .... you got a car? – Yes, I ....

   d) Mr. and Mrs. Brown .... got a nice house.

   e) .... John got a sister? Yes, he ....

   f) I .... got £10.

LEKTION 25

Have You Got Any Time for Me?

Was wird gelernt?

I've got some . . . I haven't got any . . . Have you got any . . . ?

Mary: John, have you got any cream?	*Mary:* John, hast du etwas Sahne?
John: Cream?	*John:* Sahne?
Mary: Yes, I want some cream for my coffee. Have you got any?	*Mary:* Ja, ich hätte gern etwas Sahne für meinen Kaffee. Hast du welche?
John: No, I'm sorry, I haven't got any cream. But I've got some milk.	*John:* Nein, ich habe leider keine Sahne. Aber ich habe etwas Milch.
Mary: Oh. O.K., thank you.	*Mary:* Ach. Na schön, vielen Dank.

So wird's verständlich:

some/any: 1. Im Englischen gibt es – wie im Deutschen – Hauptwörter, die in der Einzahl und in der Mehrzahl gebraucht werden können, zum Beispiel: *one banana* und *six bananas*. Man nennt sie „zählbare Hauptwörter", weil man das durch sie Bezeichnete zählen kann. *Milk* oder *cream* hingegen sind Beispiele für „unzählbare Hauptwörter", man kann das durch sie Bezeichnete nicht zählen, und es gibt auch keine Mehrzahlform. Diese Unterscheidung der Hauptwörter ist sehr wichtig:

Zählbare	**Unzählbare**
Hauptwörter	
apples	*milk*
bananas	*water*
doors	*tea*
usw.	usw.

2. Sagt man etwas ganz allgemein aus, so steht weder vor zählbaren noch vor unzählbaren Hauptwörtern ein Artikel: *I like milk* (Ich trinke gern Milch), *I like bananas* (Ich esse gern Bananen). Bezieht man seine Aussage jedoch nicht auf Milch, Bananen usw. im allgemeinen, sondern nur auf eine gewisse Menge davon, so stellt man *some* oder *any* vor das Hauptwort.

3. In bejahenden Sätzen verwendet man *some:*

I've got some *apples.*	**I've got some** *milk.*
I've got some *bananas.*	**I've got some** *water.*
usw.	usw.

In verneinenden und fragenden Sätzen gebraucht man *any:*

I haven't got any *apples.*	**I haven't got any** *milk.*
I haven't got any *bananas.*	**I haven't got any** *water.*
Have you got any *apples?*	**Have you got any** *milk?*
usw.	usw.

In dieser Lektion beschäftigen wir uns vorwiegend mit unzählbaren Hauptwörtern, von denen Ihnen schon verschiedene begegnet sind:

milk	*coffee*	*water*	*money*
cream	*tea*	*lemonade*	

Einige weitere werden Sie in dieser Lektion kennenlernen: *bread* (Brot), *butter* (Butter), *sugar* (Zucker).

Dialog 1: Coffee, cream, bread, butter, sugar

Albert hat ein ganz schlechtes Gedächtnis. Er geht einkaufen und bemüht sich, nichts von dem zu vergessen, was er einkaufen soll.

Albert: . . . butter, sugar. Coffee, cream, bread, butter, sugar.
Coffee, milk, bread, butter, su . . . – Oh, no – no, no.
Coffee, *cream*, bread, butter, sugar.
Er geht in einen Laden.
Albert: Coffee, cream, bread, butter, sugar.
Assistant: Good morning, sir.
Albert: Butter, sugar, coffee, cream, bread, – butter, sugar . . .
Assistant: Good *morning*, sir.
Albert: Oh, good morning.
Assistant: Can I help you?
Albert: Yes. Coffee, cream, bread, butter, sugar . . ., please.
Assistant: Yes, sir. Coffee?
Albert: Yes, please. I want some coffee.
Assistant: Oh, I'm sorry, sir. We haven't got any coffee.
Albert: You haven't got any coffee?
Assistant: No, sir.
Albert: I see. If you haven't got any coffee, give me some tea.
Assistant: Tea, sir?
Albert: Yes.
Assistant: I'm sorry, but we haven't got any tea.

Albert: Oh dear! Coffee, cream, bread, butter, sugar. Coffee, – give me some cream.

Assistant: Sorry, sir. There isn't any cream.

Albert: Is there any milk?

Assistant: No, sir. I'm sorry. We haven't got any milk.

Albert: Have you got any bread?

Assistant: No, sir.

Albert: Have you got any butter?

Assistant: No.

Albert: And you haven't got any sugar, have you?

Assistant: Sugar?

Albert: Ah! You've got some sugar.

Assistant: No, sir. We haven't got any sugar.

Albert: Listen: You haven't got any coffee. You haven't got any tea. You haven't got any milk. You haven't got any cream. You haven't got any bread. You haven't got any butter. And you haven't got any sugar! What sort of a grocer *are* you?

Assistant: Sir, this isn't a grocer's. It's a post-office.

Albert: A post-office? Oh, dear. Ah. Sorry. Er . . . yes, I –
Er geht hinaus und spricht dabei vor sich hin:
Coffee, cream, bread, butter, sugar . . . Coffee, cream . . .

Wörter und Wendungen

can I help you? [kən ai 'help ju]	Kann ich Ihnen behilflich sein? Was wünschen Sie bitte?
there isn't any cream [ðər 'iznt 'eni 'kri:m]	wir haben keine Sahne; es ist keine Sahne da
you haven't got any sugar, have you? [ju 'hævnt 'gɔt 'eni 'ʃugə 'hæv ju]	Sie haben wohl keinen Zucker, oder?
sort [sɔ:t]	Art, Sorte
what sort of . . . ? ['wɔt 'sɔ:t əv]	was für (ein) . . . ?
grocer ['grəusə]	Lebensmittelhändler
what sort of a grocer *are* you? ['wɔt 'sɔ:t əv ə 'grəusə 'ɑ: ju]	was sind Sie eigentlich für ein Lebensmittelhändler?
grocer's ['grəusəz]	Lebensmittelgeschäft

Dialog 2: The post-office hasn't got any coffee.

Albert ist auf dem Weg zu einem anderen Laden und hofft, daß er diesmal ein Lebensmittelgeschäft findet.

Albert: . . . butter, water. No, no, that's not it. Coffee, cream, bread, butter, sugar. Yes, that's it. Coffee, cream, bread, butter, sugar.
Er sieht ein Schild über einem Laden.
Ah, ha! 'Fred Smith. Grocer'. Good.
Er geht in den Laden.
Coffee, cream, bread, butter, sugar.

Assistant: Good morning, sir.

Albert: Ah, good morning. Oh, you're not Fred Smith, are you?

Assistant: No, sir. I'm his daughter, Lucy.

Albert: His daughter. Hmmm. But this *is* a grocer's, isn't it?

Assistant: Yes, sir.

Albert: Good, you've got some coffee.

Assistant: Yes, sir.

Albert: Good, good, good. The post-office hasn't got any coffee.

Assistant: No, sir.

Albert: But *you*'ve got some, haven't you?

Assistant: Yes, sir.

Albert: Have you got any cream? Any bread? Any butter?

Assistant: Yes, sir.

Albert: And you've got some sugar, of course.

Assistant: Yes, sir.

Albert: Oh, good, good, good –

Assistant: Coffee –

Albert: Coffee.

Assistant: Cream –

Albert: Cream.

Assistant: Bread –

Albert: Bread.

Assistant: Butter –

Albert: Butter.

Assistant: Sugar –

Albert: Sugar. Thank You.

Assistant: Thank you, sir. That's seventy-five pence, please.
Albert: Seventy-five pence. Oh, I'm sorry. I . . . er . . .
Assistant: Yes, sir.
Albert: I haven't got any money.

Wörter und Wendungen

are you? ['ɑ: ju]
isn't it? ['iznt it]
haven't you? ['hævnt ju]

(Siehe die Bemerkungen zu Dialog 2 in Lektion 23.)

Song: Have you got any time for me?

Have you got any bread?
Have you got any tea?
Have you got any coffee?
Have you got any time for me? — *Hast du ein bißchen Zeit für mich?*

Yes, I've got some bread,
I've got some coffee too,
I've got some tea,
But I haven't got any time for you.

Have you got any butter for your bread?
Have you got any milk for your tea?
Have you got any cream for your coffee?
Have you got any time for me?

I've got some butter for my bread,
I've got some cream for my coffee too,
I've got some milk – *and* some sugar – for my tea,
But I haven't got any,
No, I haven't got any,
No, I haven't got any time for you.

Übungen

1. Bilden Sie bejahende Sätze nach folgendem Beispiel:
   I've got some coffee.

   . . . . bread.

   . . . . sugar.

   . . . . butter.

2. Bilden Sie verneinende Sätze nach folgendem Beispiel:
   The post-office hasn't got any coffee.

   . . . . cream.

   . . . . bread.

   . . . . butter.

3. Bilden Sie bejahende und verneinende Sätze nach folgendem Beispiel:
   I haven't got any cream, but I've got some milk.

   . . . . coffee, ... tea.

   . . . . lemonade, ... water.

   . . . . butter, ... bread.

4. Setzen Sie *some* oder *any* ein:

   a) Mr. Green hasn't got . . . . . money.

   b) There is . . . . . sugar at the grocer's, but the post-office hasn't got . . . . .

   c) Have you got . . . . . bread?

   d) We've got . . . . . coffee, but there isn't . . . . . cream.

   e) I'm sorry, I haven't got . . . . . milk at all.

LEKTION 26

You Can't Have Everything You Want

Was wurde gelernt?

Wiederholung Lektion 1—25

In den Dialogen, dem Lied und den Übungen dieser Lektion soll das in Lektion 1–25 Gelernte wiederholt werden.
Die folgende Übersicht zeigt die Schwerpunkte; die Zahlen geben die Lektionen an, in denen sie behandelt wurden.

1–8

I'm	*hungry.*
He's	*cold.*
She's	*tired.*
It's	*hot.*
We're	*thirsty.*
You're	*late.*
They're	*early.*

5, 9, 15, 20

What time is it?

It's	*four o'clock.*
	half past two.
	quarter past six.
	quarter to nine.

5–9, 12, 19

one, two, three,
sixty, two hundred,
five hundred and
thirty-seven

first, second, third

9

So am I.

19

What day is it?
It's Monday.
What's the date?
It's the twelfth.

21

Stand up.
Don't stand up.

9, 16

I want some tea.
I want to post a
letter.

22

I	*can*	*swim.*
He		*drive.*
You	*can't*	*speak Japanese.*

Can you speak English? – Yes, I can.

23, 24

I *You* *We* *They*	*have got* *haven't got*	*a car.* *£10.* *a nice house.* *two sisters.*
He *She*	*has got* *hasn't got*	

15–17

I can see **a** *plane.*
Where's **the** *airport?*

13–15

my	*your*	*his*
her	*our*	*their*

25

Have you got **any** *cream?*
I've got **some** *milk, but I haven't got* **any** *cream.*

Dialog 1: You want to be a salesman.

Derek Jones hat sich um eine Stellung als Vertreter in Japan beworben und kommt jetzt, um sich vorzustellen.

Interviewer: Come in! . . . Ah, come in, come in . . . Good morning.
Derek: Good morning.
Interviewer: Oh, don't stand there . . . Please sit down.
Derek: Thank you.
Interviewer: Now, Mr. . . . er . . . Oh, I'm sorry. I haven't got your name, er, what *is* your name?
Derek: Jones. Mr. Derek Jones.
Interviewer: Thank you. Now, Mr. Jones, you want to be a salesman.
Derek: Yes.
Interviewer: In Japan.
Derek: Yes.
Interviewer: Why?
Derek: Because I want to go to Japan, and I haven't got any money.
Interviewer: Oh . . . yes. Can you speak Japanese?
Derek: No, I cant' *speak* it.

Interviewer: No?
Derek: But I can understand it.
Interviewer: Can you drive?
Derek: Yes.
Interviewer: Have you got a car?
Derek: Yes.
Interviewer: How old are you?
Derek: I'm twenty-five.
Interviewer: Have you got a passport?
Derek: Yes, I have.
Interviewer: Can I see it? Thank you. 672854. That's fine.
Derek: Well, er . . . can I have the job?
Interviewer: Um . . . Yes. Can you go to Japan on Tuesday? At three o'clock.
Derek: Yes. Er, what's the product I'm selling?
Interviewer: Rice.

Wörter und Wendungen

interviewer ['intəvju:ə]	Interviewer *(hier wohl der Personalchef)*
salesman ['seilzmən]	Vertreter, Handelsreisender
how old are you? ['hau 'əuld ɑ: ju]	wie alt sind Sie?
that's fine ['ðæts 'fain]	das ist gut, das ist schön
job [dʒɔb]	Stellung, Arbeit

product ['prɔdʌkt] Produkt, Erzeugnis
sell [sel] verkaufen
the product I'm selling [ðə 'prɔdʌkt aim 'seliŋ] das Produkt, das ich verkaufe
rice [rais] Reis

Dialog 2: Can you go to Brazil on Friday?

Fred Brown hat sich auch um eine Stellung als Vertreter beworben. Nicht in Japan, sondern in Brasilien. Er kommt jetzt zur Vorstellung.

Interviewer: Come in. Good morning.
Fred: Good morning.
Interviewer: Please sit down.
Fred: Thank you.
Interviewer: Now, Mr. . . . er . . . I'm sorry, I haven't got your name. What *is* your name?
Fred: Brown. Mr. Fred Brown.
Interviewer: Thank you. Now, Mr. Brown, you want to be a salesman.
Fred: Yes.
Interviewer: In Brazil.
Fred: Yes.
Interviewer: Can you drive?
Fred: Yes I can.
Interviewer: Have you got a car?
Fred: Yes I have.
Interviewer: How old are you?
Fred: I'm forty-two.
Interviewer: Fine.
Fred: Can I have the job?
Interviewer: Yes. Can you go to Brazil on Friday? At eight o'clock?
Fred: Yes. Oh – what's the product I'm selling?
Interviewer: English coffee.

Wörter und Wendungen

Brazil [brə'zil] Brasilien

Song: You can't have everything you want.

<table>
<tr><td>I want a sandwich,</td><td>ein Sandwich, ein belegtes Brot</td></tr>
<tr><td>But I haven't got any bread.</td><td></td></tr>
<tr><td>I want a drink,</td><td></td></tr>
<tr><td>But I haven't got any tea.</td><td></td></tr>
<tr><td>I want a rest,</td><td>eine Ruhepause</td></tr>
<tr><td>But I haven't got a bed.</td><td>ein Bett</td></tr>
<tr><td>I want to open the box,</td><td>den Kasten</td></tr>
<tr><td>But I haven't got the key.</td><td></td></tr>
</table>

You can't have a sandwich,
if you haven't got any bread,
You can't have a drink, if you haven't got any tea.
You can't have a rest, if you haven't got a bed,
You can't open the box, if you haven't got the key.

I want a sandwich,
But he hasn't got any bread.
She wants a drink,
But I haven't got any tea.
I want a rest,
But he hasn't got a bed.
We want to open the box,
But we haven't got the key.

<table>
<tr><td>You can't have a sandwich,</td><td></td></tr>
<tr><td>if you haven't got any bread,</td><td></td></tr>
<tr><td>You can't have a drink, if you haven't got any tea,</td><td></td></tr>
<tr><td>You can't have a rest, if you haven't got a bed,</td><td></td></tr>
<tr><td>You can't open the box, if you haven't got the key.</td><td></td></tr>
<tr><td>You can't have everything you want,</td><td>Man kann nicht alles haben, was man will,</td></tr>
<tr><td>And you can't be everything you want to be.</td><td>und man kann nicht alles sein, was man möchte.</td></tr>
</table>

Übungen

1. Stellen Sie sich vor, Sie hätten ein Einstellungsgespräch wie Derek und Fred. Beantworten Sie die folgenden Fragen:

   What's your name? – . . . .

   How old are you? – . . . .

   Can you speak English and German? – . . . .

   Can you drive? – . . . .

   Have you got a car? – . . . .

   Have you got a passport? – . . . .

   Have you got any brothers and sisters? – . . . .
   Richten Sie diese Fragen an einen Partner.

2. Beantworten Sie folgende Fragen der Wirklichkeit entsprechend:

   What time is it? – . . . .

   What time is it exactly? – . . . .

   What day is it today? – . . . .

   Are you hungry? – . . . .

   Are you thirsty? – . . . .
   Lassen Sie diese Fragen von einem Partner beantworten.

LEKTION 27

What Are You Doing Today?

Was wird gelernt?

I'm reading. What are you doing?

John: Hallo, Mary.	*John:* Hallo, Mary.
Mary: Hallo, John.	*Mary:* Hallo, John.
John: Are you working?	*John:* Bist du bei der Arbeit?
Mary: No, I'm drinking some tea, and I'm eating a sandwich.	*Mary:* Nein, ich trinke gerade Tee und esse ein belegtes Brot.
John: Is it tea-time?	*John:* Ist denn schon Teezeit?

So wird's verständlich:

-ing: Die englischen Zeitwörter haben verschiedene Zeitformen, um auszudrücken, daß eine Handlung in der Vergangenheit, in der Gegenwart oder in der Zukunft vor sich geht. (Daher auch die Bezeichnung „Zeitwort".) In dieser Lektion soll die Zeitform behandelt werden, die ausdrückt, was jetzt gerade geschieht. Man bildet diese Zeitform ganz einfach, indem man die Endung *-ing* an das Zeitwort anhängt, zum Beispiel *eat + -ing = eating, drink + -ing = drinking*. Setzt man nun vor diese *-ing*-Form die Gegenwartsform (das Präsens) von „sein", die Sie ja schon kennen (*I'm, you're, he's* usw.), so entsteht *I'm eating* (ich esse gerade, ich bin gerade beim Essen), *you're drinking* (du trinkst gerade) und so weiter.

Hier einige Beispiele für bejahende Sätze:

I'm opening *the box.*	Ich öffne (gerade) den Kasten.
He's driving *his car.*	Er fährt (gerade) in seinem Auto.
We're going *down the street.*	Wir gehen (gerade) die Straße entlang.

Die Frageform entsteht wieder durch Umstellung:

1. **Are you coming?** **Is he working?**	2. *What* **are you doing?** *Where* **are you going?**

Bei Fragen, die nicht mit einem Fragewort beginnen – wie die im ersten Kasten – wird die Stimme am Satzende gehoben. Bei Fragen, die mit einem Fragewort beginnen – Beispiele im zweiten Kasten – wird die Stimme am Satzende gehoben, wenn die Frage freundlich und interessiert klingen soll, sonst wird die Stimme gesenkt.
Die Verneinung wird mit *not* gebildet. Sie erinnern sich, daß es dabei zwei Möglichkeiten gibt:

They're not coming. **They aren't coming.**	**She's not coming.** **She isn't coming.**

Wie Sie schon wissen, gibt man bei Entscheidungsfragen, die mit „Ja" oder „Nein" zu beantworten sind, gern kurze Antworten, in denen das Zeitwort der Frage wiederholt wird. Also:

Are you working? **Is he coming?**	*Yes,* **I am.** *No,* **he isn't.**

In dieser Lektion wollen wir die neue Zeitform mit *I* und *you* üben, in Lektion 28 dann mit den anderen Personen.

Dialog 1: I'm thinking about you.

Jane sitzt zu Hause und schreibt einen Brief an ihren Freund Derek.

Jane: Dear Derek, I'm writing this letter at home. At the moment, I'm sitting alone in the kitchen. I'm listening to the radio, I'm drinking some tea, and I'm thinking about you. I –
Das Telefon klingelt.

Jane: I'm going to . . . – I'm going to see . . . – Oh!
Sie nimmt den Hörer ab.
Hallo.

Derek: Hallo. 634–5019?
Jane: Yes.
Derek: Can I speak to Jane, please?
Jane: Speaking.
Derek: Oh. Hallo, Jane. It's Derek.
Jane: Derek! Hallo! How are you?
Derek: Oh, I'm fine. Er, Jane . . . listen –
Jane: Yes. I'm listening.
Derek: Jane, I'm –
Jane: Yes?
Derek: I'm at the airport.
Jane: At the airport?
Derek: Yes, I'm going away.
Jane: Going away?
Derek: Yes. I'm going away to Brazil.
Jane: Oh. Are you going . . . alone?
Derek: Well, as a matter of fact, I'm not going alone. I'm going with Susan. We're going now . . . Jane? Jane? Jane?
Jane legt den Hörer auf.

Jane: Hmm.
Sie zerreißt den Briefbogen und fängt neu an.
Dear *Albert*, I'm writing this letter at home. At the moment, I'm sitting alone in the kitchen . . .

Wörter und Wendungen

Dear Derek ['diə 'derik]	Lieber Derek *(So beginnt man üblicherweise einen persönlichen Brief)*
I'm writing [aim 'raitiŋ]	ich schreibe (gerade) *(Das Zeitwort ist "write"; das "-e" am Ende ist stumm. Ein solches stummes "-e" am Ende fällt fort, wenn man "-ing" anhängt.)*
at the moment [ət ðə 'məumənt]	im Augenblick, jetzt gerade
alone [ə'ləun]	allein
kitchen ['kitʃin]	Küche
think about ['θiŋk ə'baut]	denken an
it's Derek [its 'derik]	hier ist Derek *(So meldet man sich am Telefon, wenn man einen Bekannten anruft.)*
I'm fine [aim 'fain]	es geht mir sehr gut *(Man kann auch "I'm very well" sagen.)*
I'm going away [aim 'gəuiŋ ə'wei]	ich verreise
fact [fækt]	Tatsache
as a matter of fact [əz ə 'mæter əv 'fækt]	um die Wahrheit zu sagen

Dialog 2: Are you writing to Derek?

Jane schreibt jetzt an Albert.

Jane: At the moment, I'm sitting alone in the kitchen. I'm listening to the radio. I'm drinking some tea, and I'm thinking –
Das Telefon klingelt.
Jane: Hmm.
Sie nimmt den Hörer ab.
Now listen, Derek. If you're going to Brazil, go!
Albert: Jane? Albert here.

Jane: Oh, er . . . Hallo, Albert. How are you?
Albert: Oh, I'm very well.
Jane: Good.
Albert: Um . . . How are *you?*
Jane: Oh, I'm very well, too.
Albert: Oh, good. Er. Jane . . . listen –
Jane: Yes. I'm listening.
Albert: Are you busy at the moment?
Jane: No, no. As a matter of fact, I'm sitting in the kitchen, and I'm writing a letter.
Albert: Oh. Are you writing to Derek?
Jane: No.
Albert: Oh?
Jane: No. Derek's going away.
Albert: Going away?
Jane: Yes. To Brazil. I'm writing a letter to you.
Albert: To *me?*
Jane: Yes.
Albert: Ah.
Jane: Albert, are you at the airport?
Albert: Well, as a matter of fact, I *am* at the airport. I'm . . .
Jane? Jane? Jane?
Jane legt den Hörer auf.
Jane: Dear Michael . . .
Plötzlich zerreißt sie den Briefbogen.

Wörter und Wendungen

um [əm]	hm *(Drückt wie „er" ein Zögern aus, bevor man etwas sagt.)*	busy ['bizi]	beschäftigt
		Albert here ['ælbət hiə]	hier spricht Albert *(am Telefon; vgl. auch Dialog 1.)*

Song: What are you doing today?

I'm standing in the station,
I'm going far away.
What are you doing?
What are you doing today?

Are you sitting in your kitchen?
Are you drinking some tea?
I'm thinking about you,
Are you thinking about me?

Are you driving in your car?
Are you swimming in the *sea?* — *Meer*
I'm thinking about you,
Are you thinking about me?

Are you listening to the radio?
Are you watching the T.V.? — *siehst du (gerade) fern?*
I'm thinking about you,
Are you thinking about me?

I'm standing in the station,
I'm going far away.
What are you doing?
What are you doing today?

Übungen

1. Bilden Sie aus den angegebenen Wörtern Sätze nach folgendem Beispiel:
   a) drink some tea — I'm drinking some tea.
   b) sit in the kitchen — . . . .
   c) eat a sandwich — . . . .
   d) listen to the radio — . . . .

2. Bilden Sie bejahende und verneinende Fragen und Antworten nach folgendem Beispiel:

   a) Are you eating a pear?
      No. I'm not eating a pear. I'm eating an apple.

   b) . . . . tea?

      . . . . coffee.

   c) . . . . post-office?

      . . . . the bank.

   d) . . . . a letter?

      . . . . a cheque.

   Üben Sie dasselbe mit einem Partner.

3. Beantworten Sie die folgenden Fragen und benutzen Sie dabei die Kurzformen *Yes, I am* oder *No, I'm not*.

   Are you standing up? . . . .

   Are you sitting down? . . . .

   Are you sitting in the kitchen? . . . .

   Are you listening to the radio? . . . .

   Are you eating a banana? . . . .

   Are you drinking some coffee? . . . .

   Are you writing in English? . . . .

4. Stellen Sie sich vor, es hätte Sie jemand angerufen. Setzen Sie in die erste Zeile Ihre Telefonnummer ein und in die dritte und vierte Ihren Namen. Sprechen Sie dann den Dialog mit einem Partner.

   Hallo, ... ?
   Yes.
   Can I speak to . . . ., please?

   . . . . speaking.

LEKTION 28

They're Walking in the Rain

Was wird gelernt?

They're reading. **What's he doing?** **still**

Mary: Hallo, Hans.	*Mary:* Hallo, Hans.
Hans: Hallo, Mary. I'm looking for John. Is he working?	*Hans:* Hallo, Mary. Ich suche John. Arbeitet er?
Mary: No. He's in the kitchen.	*Mary:* Nein. Er ist in der Küche.
Hans: What's he doing there?	*Hans:* Was macht er da?
Mary: He's eating a sandwich.	*Mary:* Er ißt ein belegtes Brot.

So wird's verständlich:

-ing: In Lektion 27 haben Sie die Zeitform kennengelernt, die mit der Endung *-ing* gebildet wird und ein jetziges, gerade ablaufendes Geschehen ausdrückt. Es ist die Verlaufsform (progressive Form) der Gegenwart. Während diese Form dort in Verbindung mit *I'm* und *you're* auftrat, wird sie hier in Verbindung mit den anderen Fürwörtern geübt. Zunächst eine Zusammenstellung aller Formen der Gegenwart in bejahenden Sätzen:

I'm working.	Ich arbeite (gerade).
You're standing *on my foot.*	Du stehst auf meinem Fuß.
He's writing *a letter.*	Er schreibt (gerade) einen Brief.
She's playing *the guitar.*	Sie spielt (gerade) Gitarre.
It's raining.	Es regnet.
We're going *away.*	Wir (sind im Begriff zu) verreisen.
They're singing.	Sie singen (gerade).

Sie wissen, daß bei Zeitwörtern, die auf ein stummes *-e* enden (z. B. *write, drive*), dieses *-e* fortfällt, wenn man *-ing* anhängt, also: *write + -ing = writing, drive + -ing = driving.*

Beachten Sie bitte auch, daß bei einsilbigen Wörtern, die auf einen einzelnen Mitlaut (Konsonant) enden, dem ein kurzer Selbstlaut (Vokal) vorausgeht, der Mitlaut am Ende verdoppelt wird, wenn man *-ing* anhängt. Zum Beispiel: *sit* + *-ing* = *sitting*, *swim* + *-ing* = *swimming*. (Aber *eat* + *-ing* = *eating*! Keine Verdoppelung von *t*, denn der vorausgehende Selbstlaut wird lang gesprochen!)

Dialog 1: He's wearing a blue jacket.

Geheimagent 009 – ein recht unfähiger Agent – beschattet Mr. X und meldet alles, was dieser tut, über sein Funksprechgerät seinem Chef. Im Augenblick ist er gerade dabei, die richtige Funkfrequenz zu suchen.

009: Oh no, that's not it.
Er versucht es noch einmal.
Radio: . . . branch committee . . .
009: No, *that's* not it . . . Ah, ha . . . Hallo, hallo. This is Agent 009 speaking. Are you receiving me? Are you receiving me?
Boss: Yes, yes. We're receiving you, 009.
009: Oh good.
Boss: Well, where are you?
009: I'm standing in the airport –
Boss: Come on, 009, you're a secret agent, not a reporter. Where is Mr. X? Are you following him?
009: Yes, I am. I can see him.

Boss: What's he wearing?
009: He's wearing a blue jacket.
Boss: Jacket, yes.
009: And blue trousers.
Boss: Trousers, yes. And what's he doing?
009: He's . . . er, . . . reading a book.
Boss: Book, yes.
009: And he's smoking a cigarette.
Boss: Is he carrying a bag?
009: A bag? Er, yes, yes he is. A black bag.
Boss: Black bag, yes.
009: Now he's standing up –
Boss: Yes?
009: And he's coming over to –
Mr. X zerschlägt 009 das Funkgerät.
Er . . . you're standing on my radio. – Now he's walking, he's walking. – Hallo, hallo, this is 009 – ah, hallo! Are you receiving me . . .

Wörter und Wendungen

boss [bɔs]	Boß, Chef
receive [ri'si:v]	empfangen
are you receiving me? [ɑ: ju ri'si:viŋ mi]	hören Sie mich?, verstehen Sie mich?
secret ['si:krit]	geheim
secret agent ['si:krit 'eidʒənt]	Geheimagent
reporter [ri'pɔ:tə]	Reporter
Mr. X ['mistə 'eks]	Herr X
follow ['fɔlou]	(ver)folgen
wear [wɛə]	*(bei sich)* tragen, anhaben
what's he wearing? ['wɔts hi 'wɛəriŋ]	was hat er an?
blue [blu:]	blau
jacket ['dʒækit]	Jackett
trousers *(Mehrzahl)* ['trauzəz]	Hose
book [buk]	Buch
smoke [sməuk]	rauchen
cigarette [sigə'ret]	Zigarette
carry ['kæri]	*(in der Hand)* tragen
bag [bæg]	Tasche
black [blæk]	schwarz
he's coming over [hi:z 'kʌmiŋ 'əuvə]	er kommt herüber

Dialog 2: He's still wearing the blue jacket.

009 hat sein Funkgerät repariert. Er beschattet weiterhin Mr. X und berichtet dabei ständig seinem Chef.

009: No, no, no. No, that's not it . . . Ah, ha. Hallo, hallo. This is Agent 009 speaking. Are you receiving me? Are you receiving me –

Jane: Derek! How are you? I'm writing –

009: What? Oh. Ah, no . . . Ah, ha! Hallo, hallo.

Boss: Yes, yes, 009. Where are you now?

009: I'm in the street.

Boss: He's in the street!

009: Yes, in the main street. I'm walking along the main street.

Boss: And where is Mr. X? Are you still following him?

009: Yes, I am. I can see him.

Boss: What's he doing?

009: He's . . . er, . . . he's walking –

Boss: Yes, yes. Is he still carrying the bag?

009: Er, no, he isn't. But he's still wearing the blue jacket and trousers.

Boss: Yes?

009: Now he's running, so I'm running.

Boss: Yes?

009: And now he's going into the – oh!

Boss: What is it, 009?

009: Um . . . that isn't Mr. X. It's a policeman. He's going into the police-station . . . And now it's raining. I – Hallo, hallo . . . Are you receiving me – are you receiving me? Hallo, hallo . . .

Wörter und Wendungen

the main street [ðə 'mein stri:t]	die Hauptstraße
still [stil]	noch immer
are you still following him? [ɑ: ju 'stil 'fɔləu-iŋ 'him]	folgen Sie ihm immer noch?
walk [wɔ:k]	(zu Fuß) gehen
run [rʌn]	laufen, rennen
rain [rein]	regnen
it's raining [its 'reiniŋ]	es regnet

Song: They're walking in the rain.

There's a man in the street, He's walking in the rain, He's singing and *he's smiling at the day,* And *this is what his song has to say:*	 *er lächelt den Tag an* *sein Lied geht so:*
'I'm going down the street, *I don't want to* run, I'm walking in the rain, And I'm thinking about the sun.'	 *ich möchte nicht*

There's a man and a girl in the street,
They're walking in the rain,
They're singing and they're smiling at the day,
And this is what their song has to say:

'We're going down the street,
We don't want to run,
We're walking in the rain,
And we're thinking about the sun.'

Übungen

1. Sehen Sie sich Dialog 1 noch einmal an. Beantworten Sie, wie im Beispiel gezeigt, die Fragen danach, was 009 und Mr. X gerade tun.
   a) Where is 009 standing? He's standing in the airport.

   b) Who is he following? . . . .

   c) What is Mr. X wearing? . . . .

   d) What is he reading? . . . .

   e) What is he smoking? . . . .

   f) What is he carrying? . . . .

   Stellen Sie einem Partner diese Fragen.

2. Geben Sie nach folgendem Beispiel verneinende Antworten auf diese Fragen:

a) Is 009 standing in a bank? No, he isn't standing in a bank.

b) Is 009 following the boss? ....

c) Is Mr. X wearing a black jacket? ....

d) Is Mr. X writing a letter? ....

e) Is Mr. X eating a banana? ....

Stellen Sie einem Partner diese Fragen.

3. Geben Sie auf diese Fragen kurze Antworten (*Yes, he is* oder *No, he isn't*):

a) Is 009 standing in the airport? ....

b) Is 009 following Mr. X? ....

c) Is Mr. X wearing black trousers? ....

d) Is Mr. X reading a book? ....

e) Is Mr. X playing a guitar? ....

Stellen Sie einem Partner diese Fragen.

LEKTION 29

I Don't Want a Big Black Car

Was wird gelernt?

I want . . . **I don't want . . .** **Do you want . . . ?** **a/an**

John:	Mary, have you got a book? I want to read.	*John:*	Mary, hast du ein Buch? Ich möchte lesen.
Mary:	Yes, here you are. Do you want to read this?	*Mary:*	Ja, hier bitte. Möchtest du dieses lesen?
John:	This is a Japanese book.	*John:*	Es ist ein japanisches Buch.
Mary:	Yes –	*Mary:*	Ja –
John:	I don't want a Japanese book. I can't read Japanese.	*John:*	Ein japanisches Buch will ich nicht. Ich kann nicht Japanisch lesen.

So wird's verständlich:

a Japanese book: Die Eigenschaftswörter bieten im Englischen gar keine Schwierigkeit. Sie stehen vor dem Hauptwort und sind ihrer Form nach unveränderlich. Ob sie sich auf eine Person oder einen Gegenstand beziehen, ob sie in der Einzahl oder Mehrzahl gebraucht werden – immer haben sie die gleiche Form. Sie wissen das schon von den besitzanzeigenden Eigenschaftswörtern (adjektivischen Possessivpronomen) wie *my, your, his* und so weiter. Hier noch ein paar andere Beispiele:

a **Japanese** *book*	ein japanisches Buch
Japanese *books*	japanische Bücher
a **Japanese** *doctor*	ein japanischer Arzt
Japanese *women*	japanische Frauen, Japanerinnen

Die Eigenschaftswörter *black* (schwarz) und *blue* (blau) sind Ihnen bereits begegnet. Hier folgen die wichtigsten Farbbezeichnungen:

black	schwarz	*white*	weiß	*orange*	orange
blue	blau	*green*	grün	*grey*	grau
red	rot	*yellow*	gelb		

a/an: In Lektion 16 und 17 haben Sie sich mit dem unbestimmten Artikel *a* vertraut gemacht. Vor Wörtern, die in der Aussprache mit einem Selbstlaut (a, e, i, o, u) beginnen, heißt der unbestimmte Artikel jedoch nicht *a*, sondern *an*. Es heißt also:

	a	*car*	**a**	*green apple*
aber:	**an**	*apple*	**an**	*orange car*

do you want . . . ?: In Verbindung mit der Befehlsform (Lektion 21) sind Ihnen *do* und *don't* (Kurzform von *do not*) bereits begegnet. Sie dienen, wie Sie später (Lektion 31–32) sehen werden, auch zur Bildung der Frage und der Verneinung in der Gegenwart. In dieser Lektion wollen wir Ihnen den Gebrauch von *do* und *don't* am Beispiel von *want* (mögen, wollen) zeigen. *Want* kennen Sie schon in bejahenden Sätzen, und zwar aus Lektion 9:

***I* want** *some tea.*
***I* want** *an apple.*

und aus Lektion 16:

***I* want to** *post a letter.*
***I* want to** *cash a cheque.*

Do wird nun in Verbindung mit *I*, *you*, *we* und *they* zur Bildung von Fragen und Verneinungen gebraucht:

Do you want *an apple?*
Do they want *a doctor?*

I don't want *any tea.*
We don't want *any coffee.*

Und sie dienen auch zur Bildung kurzer Antworten auf Fragen, die mit *do* gebildet werden:

Yes, **I do.** *Yes*, **we do.** *No*, **they don't.**

do you want some . . . ?: Aus Lektion 25 wissen Sie noch, daß *some* in bejahenden Sätzen und *any* in fragenden und verneinenden Sätzen verwendet wird. Das ist im allgemeinen richtig. Wenn man jedoch jemandem etwas anbietet und ihn dabei fragt: *Do you want . . . ?*, so gebraucht man in einer solchen Frage *some* (statt *any*), man sagt also: *Do you want some tea?*

Dialog 1: I want a large room.

Mr. Green ist am Empfang in einem Hotel. Er möchte ein Zimmer haben, und er stellt ganz besondere Ansprüche.

Mr. Green: Hmm . . . a nice hotel.
Er läutet.
Hallo!
Desk-clerk: Good evening, sir.
Mr. Green: Good evening. I want a room, please.
Desk-clerk: Yes, sir. We've got eighty-six rooms. This is a hotel . . . Sorry, sir.

Mr. Green: And I don't want a small room. I want a large room.
Desk-clerk: Yes, sir. Number 25 is a large room.
Mr. Green: Has it got a window?
Desk-clerk: Yes, sir. *All* the rooms have got windows.
Mr. Green: Oh, good. Because I want a room with a window.
Desk-clerk: Yes. Number 25 has got a small window.
Mr. Green: Oh. That's no good.
Desk-clerk: No good?
Mr. Green: No. I don't want a room with a *small* window. I want a room with a *large* window.
Desk-clerk: Yes, sir. Er, let me see . . . Yes. Number 34 has got a large window.
Mr. Green: Is it a large room?
Desk-clerk: Yes. It's a large room with a large window.
Mr. Green: Oh, good. Has it got a carpet?
Desk-clerk: Yes, sir. *All* the rooms have got carpets.
Mr. Green: Good. Because I want a room with a carpet.
Desk-clerk: Yes, Number 34 has got a nice blue carpet.
Mr. Green: Oh. That's no good.
Desk-clerk: No good?
Mr. Green: No. I don't want a room with a *blue* carpet. I want a room with a *red* carpet.
Desk-clerk: Ah.
Mr. Green: Listen. I want a large room with a large window and a red carpet . . . Oh, and a blue bed, and a white table and a black door, and a green radio, and a yellow . . .

Wörter und Wendungen

desk-clerk ['deskklɑ:k]	Empfangschef
good evening [gud 'i:vniŋ]	guten Abend!
room [rum]	Zimmer
large [lɑ:dʒ]	groß
window ['windəu]	Fenster
all [ɔ:l]	alle
number ['nʌmbə]	Nummer
small [smɔ:l]	klein
that's no good ['ðæts nəu 'gud]	das kommt nicht in Frage
let me see [let mi 'si:]	warten Sie mal!, lassen Sie mich überlegen
carpet ['kɑ:pit]	Teppich
bed [bed]	Bett
table ['teibl]	Tisch

Dialog 2: I don't want a black table.

Der Empfangschef zeigt Mr. Green ein Zimmer.

Desk-clerk: Here we are, sir. Room Number 86.
Mr. Green: Ah, ha.
Desk-clerk: Yes, it's . . . er . . . it's a large room.
Mr. Green: Yes.
Desk-clerk: And it's got a large window.
Mr. Green: Mmm.
Desk-clerk: A red carpet.
Mr. Green: Ah, ha.
Desk-clerk: A blue bed, a black door, and a green radio.
Mr. Green: Look . . . Look at –
Desk-clerk: Pardon? Oh.
Der Empfangschef schaltet das Radio aus, das sehr laut eingestellt war.
Mr. Green: Look at the table.
Desk-clerk: The table?
Mr. Green: Yes. The table. *This table* is black. I don't want a *black* table. I want a *white* table.
Desk-clerk: Sir, I'm sorry, but we haven't got a room with a white table.
Mr. Green: You haven't got a room with a white table! What a hotel! Goodbye!

Wörter und Wendungen

here we are ['hiə wi 'ɑ:]	so, da haben wir's; so, das wär's	what a hotel! ['wɔt ə həu'tel]	was für ein (unmögliches) Hotel!
pardon? ['pɑ:dn]	wie bitte?		

Song: I don't want a big, black car.

Red cars, blue cars, black cars, white cars,
Driving here and there,
Large cars, small cars, green cars, yellow cars,
cars are *everywhere*. — *überall*

I don't want a radio,
I don't want a car,
I don't want a book,
I want my *guitar*. — *Gitarre*

I don't want to listen to the radio,
I don't want to drive a big, black car,
I don't want to read a Japanese book,
I want to *play* my guitar. — *spielen*

Red cars, blue cars, black cars, white cars,
Cars are everywhere.

Übungen

1. Lesen Sie noch einmal die Dialoge 1 und 2. Stellen Sie sich vor, Sie seien Mr. Green. Bringen Sie Ihre Wünsche vor.
   a) room I want a large room.
   b) window ....
   c) carpet ....
   d) bed ....
   e) table ....
   f) door ....
   g) radio ....

2. Sagen Sie nun, was Sie nicht wollen. Bilden Sie verneinende Sätze, mit denen Sie die Vorschläge des Empfangschefs ablehnen.
   a) Number 17 is a small room. I don't want a small room.
   b) Number 25 has got a small window. ....
   c) Number 34 has got a blue carpet. ....
   d) Number 62 has got an orange door. ....
   Üben Sie dasselbe mit einem Partner.

3. Bilden Sie nach dem Beispiel Fragen und kurze Antworten (*Yes, I do* oder *No, I don't*):

Desk-clerk: Do you want a small room? Mr. Green: No, I don't.

Desk-clerk: .... a large room? Mr. Green: ....

Desk-clerk: .... a small window? Mr. Green: ....

Desk-clerk: .... a large window? Mr. Green: ....

Desk-clerk: .... a red carpet? Mr. Green: ....

Desk-clerk: .... a blue carpet? Mr. Green: ....

Üben Sie dasselbe mit einem Partner.

LEKTION 30

He Wants to Go Away

Was wird gelernt?

He wants .../He doesn't want ... **Does she want ...?**

Mary: John!	*Mary:* John!
John: Yes, Mary. What do you want?	*John:* Ja, Mary. Was möchtest du?
Mary: There's a policeman at the door.	*Mary:* Ein Polizist ist an der Tür
John: Oh? What does he want?	*John:* Oh? Was will er denn?
Mary: He wants to come in.	*Mary:* Er möchte hereinkommen

So wird's verständlich:

wants: Das Wort *want* ist nun schon ein alter Bekannter. Sie haben es bisher in Verbindung mit *I, you, we* und *they* gebraucht. Wird es mit *he, she* oder *it* verbunden, so wird ein *-s* angehängt. Es heißt also:

I **want** *some coffee.*
aber: *He* **wants** *some coffee.*

does: In Lektion 29 haben Sie erfahren, daß Fragen und Verneinungen bei *I, you, we* und *they* mit *do* gebildet werden. Bei *he, she* und *it* heißt die entsprechende Form *does:*

Does *he want an apple?*
Does *she want to read?*

He **doesn't** *want an apple.*
She **doesn't** *want to read.*

Und die entsprechenden Kurzantworten heißen:

Yes, he **does.** *Yes, she* **does.** *No, he* **doesn't.**

Fassen wir alle Formen der Gegenwart von *want* zusammen:

I You We They	*want don't want*	*an apple.*
He She It	*wants doesn't want*	*to eat.*

Do	*I you we they*	*want an apple?*
Does	*he she it*	

Dialog 1: He doesn't want first-class tickets.

Jane und George arbeiten in einem Reisebüro und langweilen sich sehr. Jane telefoniert mit einem Kunden.

Jane: Hallo. Johnson's Travel Agency. Can I help you? ... ticket? You want a ticket ... Yes ... You want to book a ticket ... No, oh, *two* tickets ... Yes, I ... Pardon? You want *two* tickets ... Yes ... You want to book two tickets ... Two single tickets to London ... Yes. Do you want first-class tickets? ... Eight pounds ... Oh, you want second-class ... Yes, yes. Five pounds ... Yes. For the fifteenth of April ... You want two tickets for the fifteenth of April ... Pardon? ... Oh, sorry, the *six*teenth. ... Yes, yes. Fine. So you want two second-class tickets for the sixteenth of April. Just a moment, please. George!

George: Yeah?

Jane: There's a man here. He want's some tickets.

George: What?

Jane: A man. He wants to book some tickets.

George: Where does he want to go?

Jane: London.

George: How many does he want?

Jane: Two.

George: First-class?
Jane: No, he doesn't want first-class tickets. He wants *second*-class.
George: What date?
Jane: Sixteenth of April.
George: Um, let me see. He wants two second-class single tickets to London for the sixteenth of April. O.K.
Jane: *(Zu dem Mann am Telefon)* Yes, that's O.K. Hallo? Hallo?
George: What is it?
Jane: He's not there.
George: People haven't got any patience these days, have they?

Wörter und Wendungen

travel agency ['trævl 'eidʒənsi]	Reisebüro
single ticket ['siŋgl 'tikit]	einfache Fahrkarte
first-class ['fə:st'klɑ:s]	erster Klasse
second-class ['sekənd'klɑ:s]	zweiter Klasse
just a moment ['dʒʌst ə 'məumənt]	einen Augenblick bitte
yeah [jeə]	ja *(Slang für "yes")*
book [buk]	buchen
how many? ['hau 'meni]	wie viele?
people ['pi:pl]	Leute
patience ['peiʃəns]	Geduld
these days ['ði:z 'deiz]	heutzutage
have they? ['hæv ðei]	nicht wahr? *(Vgl. Anmerkungen zu Dialog 2 in Lektion 23.)*

Dialog 2: He wants a ticket.

Besonders George langweilt sich sehr bei seiner Tätigkeit. Er glaubt, schon immer zu wissen, was die Kunden wollen, bevor sie überhaupt den Mund aufgemacht haben.

George: No, no patience at all.
Jane: Mmm.
George seufzt.
What is it?

George: This job. It's so boring. "Do you want single tickets or return tickets? First-class or second-class? On the sixteenth? You don't want to go to London?" . . . Boring! I can see what the customers want, as soon as they come in.

Ein Mann kommt herein.

Oh, no! Here we go again. What do you want?

Jane: George!

George: Oh, sorry. Can I help you, sir?

Man: Yes, I want –

George: Ssh! Don't tell me! Don't tell me! You want a ticket. *(Zu Jane)* He wants a ticket, Jane.

Man: No I –

George: You want a first-class ticket. *(Zu Jane)* He wants a first-class ticket.

Man: No, as a matter of fact, I . . .

George: You want a first-class return ticket. *(Zu Jane)* He wants a first-class return ticket.

Man: No, I don't want . . .

George: You want a first-class return ticket to Oxford, don't you?

Man: No, I don't.

George: No?

Man: No, I don't want a ticket at all.

George: You don't?

Man: No. I am a policeman, and I want to ask you a question. Have you got a blue car?

Wörter und Wendungen

what is it? [wɔt 'iz it]	was ist los?	here we go again ['hiə wi 'gəu ə'gen]	auf ein Neues! jetzt geht das schon wieder los
boring ['bɔ:riŋ]	langweilig	ssh! [ʃ]	pst!
return ticket [ri'tə:n 'tikit]	Rückfahrkarte	don't you? ['dəunt ju]	nicht wahr? *(Vgl. die Anmerkung zu Dialog 2 in Lektion 23.)*
customer ['kʌstəmə]	Kunde	question ['kwestʃən]	Frage
as soon as [əz 'su:n əz]	sobald		

Song: He wants to go away.

Robert isn't happy here,	
He doesn't want to *stay*,	*bleiben*
He wants to go to *Mexico*,	*Mexiko*
He wants to go today.	

He wants to go, he wants to go,
He wants to go away,
He wants to go, he wants to go,
He doesn't want to stay.

He wants to see a blue sky,	
Not one that's always black,	*keinen, der immer schwarz ist*
He wants a single ticket,	
He doesn't want to *come back*.	*zurückkommen*

He wants to go, he wants to go,
He wants to go away,
He wants to go, he wants to go,
He doesn't want to stay.

Übungen

1. Versetzen Sie sich in Georges Rolle und sprechen Sie über die Kunden. Bilden Sie bejahende Sätze nach folgendem Beispiel:
   a) Mr. Smith/a ticket. He wants a ticket.

   b) Mr. Jones/a return ticket ....
   c) Miss Green/a second-class return ticket ....
   d) Mrs. Brown/a second-class return ticket to London ....

2. Beantworten Sie die Fragen über den Kunden aus Dialog 1 mit Kurzantworten (*Yes, he does* oder *No, he doesn't*):

a) Does he want two tickets? ....

b) Does he want first-class tickets? ....

c) Does he want tickets for the 15th? ....

d) Does he want tickets to Oxford? ....

e) Does he want tickets to London? ....

Üben Sie die Fragen und Antworten mit einem Partner.

3. Setzen Sie *do* oder *does* ein.

a) What ..... you want?

b) I ..... not want any coffee.

c) What ..... the policeman want?

d) What ..... the customers want?

e) Mrs. Green ..... not want a first-class ticket.

f) ..... Jack want an apple?

LEKTION 31

What Do You Do in the Morning?

Was wird gelernt?

I often drink tea. do/don't
always, usually, often, sometimes, never

John:	It's eleven o'clock, isn't it?	*John:*	Es ist elf Uhr, nicht?
Hans:	Yes. What are you doing?	*Hans:*	Ja. Was machst du?
John:	I'm drinking some tea.	*John:*	Ich trinke Tee.
Hans:	Tea?	*Hans:*	Tee?
John:	Yes. I always drink some tea at eleven o'clock.	*John:*	Ja. Ich trinke immer um elf Uhr Tee.

So wird's verständlich:

Wir wollen Ihnen jetzt eine weitere Zeitform der Gegenwart vorstellen. Sie erinnern sich, daß die Gegenwartsform, die Sie schon kennengelernt haben, immer eine jetzt gerade vor sich gehende Handlung ausdrückt (Verlaufsform, Lektion 27–28), z. B. *I'm drinking some tea*. Nun gibt es im Englischen daneben noch eine Gegenwartsform, die eine gewohnheitsmäßige, sich immer wiederholende Handlung ausdrückt. Sie wird besonders in Verbindung mit folgenden Wörtern gebraucht:

always	['ɔːlweiz]	immer	*sometimes*	['sʌmtaimz]	manchmal
usually	['juːʒuəli]	gewöhnlich	*never*	['nevə]	nie(mals)
often	['ɔfn]	oft			

In dieser Lektion tritt diese Zeitform in Verbindung mit *I*, *you*, *we* und *they* in bejahenden, verneinenden und fragenden Sätzen auf, sowie in

Kurzantworten. Was Sie in Lektion 29 am Beispiel von *want* gelernt haben, trifft auch hier zu. Nach *I, you, we* und *they* ist die Form des Zeitworts gleich der Grundform.

I always **drink** *some tea at 11.00.*
We always **eat** *our lunch at 12.30.*
They always **go** *home by bus.*

Verneinung, Frage und Kurzantwort werden mit *do* gebildet:

Do you		**eat** *your lunch at home?* **go** *home by bus?*
I **We**	**don't**	**eat** *my lunch at home.* **go** *home by bus.*

Yes, **I do.**
No, **I don't.**

Diese „einfache Gegenwartsform" (das Präsens) drückt also etwas aus, was immer so ist, was regelmäßig wieder geschieht, was eine Gewohnheit ist. Sie dürfen Sie nicht mit der anderen Gegenwartsform verwechseln, die etwas jetzt gerade Geschehendes ausdruckt.
Benutzt man ein Wort wie *always* aus der Übersicht (siehe oben), so stellt man es zwischen das Fürwort und das Zeitwort: *I* never *smoke*. (Ich rauche nie.) *Do you* often *drink milk?* (Trinken Sie oft Milch?).

Dialog 1: I don't smoke and I don't drink.

Jack Gray hat heute abend Herbert Bell, den stärksten Mann der Welt, zum Interview im Fernsehstudio.

Jack Gray: Thank you, thank you, ladies and gentlemen. Tonight in the studio, we've got the strongest man in the world.
Mr. Herbert Bell! Good evening, Herbert.
Herbert: Good evening, Jack.
Jack Gray: Sit down.
Herbert setzt sich; der Stuhl bricht zusammen.
Oh.

Herbert:	Yes, I'm very heavy. I usually sit on two chairs.
Jack Gray:	Two chairs? O.K. Can we have two chairs, please? . . . There. Cigarette?
Herbert:	No thanks.
Jack Gray:	You don't smoke?
Herbert:	No, I don't. I don't smoke and I don't drink.
Jack Gray:	Really? You never smoke and you never drink?
Herbert:	Well, I never drink *alcohol*. I always drink milk in the morning, and I often drink tea.
Jack Gray:	Coffee?
Herbert:	No, thanks.
Jack Gray:	No, I mean, do you drink coffee?
Herbert:	Oh, sometimes.
Jack Gray:	But never alcohol?
Herbert:	That's it. I never drink alcohol.
Jack Gray:	Herbert, you're the strongest man in the world. What do you eat? Do you eat any special food?
Herbert:	Well, I eat fruit. Apples, bananas –
Jack Gray:	Yes, and how do you stay strong?
Herbert:	Well, I always go to bed early. Yes, at nine o'clock. And I always get up early too.
Jack Gray:	And do you –
	Die Stühle brechen zusammen.
Herbert:	I'm sorry.
Jack Gray:	Can we have *three* chairs, please?

Wörter und Wendungen

lady ['leidi]	Dame
gentleman ['dʒentlmən]	Herr
ladies and gentlemen ['leidiz ən 'dʒentlmən]	meine Damen und Herren
tonight [tə'nait]	heute abend
studio ['stju:diəu]	Studio
strong [strɔŋ]	stark
the strongest [ðə 'strɔŋgist]	der/die/das stärkste
world [wə:ld]	Welt
heavy ['hevi]	schwer
chair [tʃɛə]	Stuhl
no thanks ['nəu 'θæŋks]	nein danke

really ['riəli]	wirklich, tatsächlich
alcohol ['ælkəhɔl]	Alkohol
I mean [ai 'mi:n]	ich meine
that's it ['ðæts it]	stimmt!, genau!
special ['speʃəl]	besonders, speziell
food [fu:d]	Nahrung, Kost
fruit [fru:t]	Obst
how [hau]	wie
stay [stei]	bleiben
stay strong ['stei 'strɔŋ]	stark bleiben
go to bed ['gəu tə 'bed]	zu Bett gehen
get up ['get 'ʌp]	aufstehen

Dialog 2: We always eat the same things.

Jack Gray interviewt jetzt Mr. und Mrs. Stone, das glücklichste Ehepaar der Welt.

Jack Gray:	Thank you, Mr. Herbert Bell. Well, ladies and gentlemen, Mr. Herbert Bell, the strongest man in the world. And now, the happiest couple in the world. Mr. and Mrs. Brian Stone! Good evening.
Mr. and Mrs. Stone:	Good evening, Jack.
Jack Gray:	Sit down. There are two chairs there.
Mr. and Mrs. Stone:	Oh, we always sit on *one* chair.
Jack Gray:	One chair?
Mr. and Mrs. Stone:	Yes.
Jack Gray:	Oh, fine. Cigarette?
Mr. and Mrs. Stone:	No thanks.
Jack Gray:	You don't smoke?
Mr. and Mrs. Stone:	No, we don't. We don't smoke and we don't drink.

Jack Gray: Really? You never smoke and you never drink?
Mr. and Mrs. Stone: No. Never.
Jack Gray: Um, excuse me, but do you always speak together?
Mr. and Mrs. Stone: Yes.
Jack Gray: You always say the same things?
Mr. and Mrs. Stone: Oh yes.
Jack Gray: Do you *eat* the same things?
Mr. and Mrs. Stone: Oh yes. We always *eat* the same things, we always *drink* the same things, and we always *think* the same things.
Jack Gray: I see. Isn't it boring?
Mr. and Mrs. Stone: Boring?!
Mr. Stone: Yes.
Mrs. Stone: No.
Jack Gray: Ah, ha! So it *is* boring sometimes?
Mr. Stone: Yes. Always.
Mrs. Stone: No. Never!
Mr. Stone: Yes, it is!
Mrs. Stone: No, it isn't!
Mr. Stone: Yes, it is!
Mrs. Stone: How dare you say ...
Jack Gray: Oh ... ah ... Mr. and Mrs. ... Ouch! ... Brian Stone ... the, er, happiest couple in the world.

Wörter und Wendungen

happy ['hæpi]	glücklich	the same [ðə 'seim]	der/die/dasselbe
the happiest [ðə 'hæpiist]	der/die/das glücklichste	the same things [ðə 'seim 'θiŋz]	dieselben Dinge, dasselbe
couple ['kʌpl]	Paar	think [θiŋk]	denken
together [tə'geðə]	zusammen	ouch! [autʃ]	au!

Song: What do you do in the morning?

What do you do in the morning?	*was tust du*
What do you do *at the start of* the day?	*am Beginn des*
I always get up early,	

I never get up late,	
I always eat my *breakfast*	*Frühstück*
At twenty-five to eight,	
I usually drink some coffee,	
And I sometimes drink some tea,	
I say 'Hallo' to my *children*,	*Kinder* (Einzahl: child)
And they say 'Hallo' to me.	
What do you do in the evening?	
What do you do *at the end of* the day?	*am Ende des*
I always come home early,	
I never come home late,	
I always eat my *dinner*	*Abendessen*
At twenty-five to eight,	
I sometimes write a letter,	
And I sometimes watch T.V.,	
I say *'Good night'* to my children,	*gute Nacht*
And they say 'Good night' to me.	

Übungen

1. Beantworten Sie diese Fragen dem Beispiel entsprechend:

What time do you get up?	I get up at seven o'clock.
What time do you have breakfast?	....
What time do you have lunch?	....
What time do you have dinner?	....
What time do you go to bed?	....

2. Versetzen Sie sich in die Rolle des Interviewers aus Dialog 1 und 2. Sie haben sich einige Wörter als Gedächtnisstütze notiert für die Fragen, die Sie stellen wollen. Fragen Sie nach folgendem Beispiel:

a) smoke? — Do you smoke?

b) drink alcohol? ....

c) drink tea? ....

d) eat any special food? ....

e) get up early? ....

3. Beantworten Sie die folgenden Fragen mit Kurzantworten (*Yes, I do* oder *No, I don't*):

Do you often eat rice? ....

Do you often drink coffee? ....

Do you often read Japanese books? ....

Do you often sing? ....

Do you often write letters? ....

Stellen Sie die Fragen einem Partner.

4. Beantworten Sie die folgenden Fragen mit *Yes. Always.*, *Yes. Usually.*, *Yes. Often.*, *Yes. Sometimes* oder *No. Never.*:

Do you get up early? ....

Do you sing German songs? ....

Do you go to bed late? ....

Do you drink tea? ....

Do you eat oranges? ....

Stellen Sie diese Fragen einem Partner.

LEKTION 32

He Eats, He Works, He Sleeps

Was wird gelernt?

He always drinks coffee. **does/doesn't** **every ...**

John: Where's Hans? He's usually here first.	*John:* Wo ist Hans? Er ist gewöhnlich als erster hier.
Mary: Yes. He's always here before us.	*Mary:* Ja. Er ist immer vor uns hier.
John: He's very regular. He comes in, he closes the door, he sits down –	*John:* Er tut alles mit großer Regelmäßigkeit. Er kommt herein, schließt die Tür, setzt sich hin –
Mary: And he says "Hallo"!	*Mary:* Und sagt: „Hallo!"

So wird's verständlich:

In dieser Lektion soll die einfache Gegenwartsform, die regelmäßig wiederholte, gewohnheitsmäßige Handlungen ausdrückt, abschließend behandelt werden. In Lektion 31 haben Sie sie mit *I, you, we* und *they* verbunden geübt; hier werden Sie sie in Verbindung mit *he, she* und *it* lernen. Wie bei *want* (Lektion 30) wird auch bei anderen Zeitwörtern die Gegenwartsform im bejahenden Satz bei *he, she* und *it* mit *-s* gebildet, das man an die Grundform anhängt:

He often **drinks** *coffee.*
She often **eats** *apples.*

Bei einigen Wörtern wird *-es* angehängt, zum Beispiel *go – goes, watch – watches*. Bei anderen wird das *-y* am Ende der Grundform zu *-i*, an das man dann *-es* anhängt: *carry – carries*.

Frage, Verneinung und Kurzantwort werden mit *does* gebildet:

Does	**he eat** *lunch at home?* **she go** *home by bus?*	*Yes,* **he does.** *No,* **she doesn't.**

He **She**	**doesn't**	**eat** *lunch at home.* **go** *home by bus.*

Beachten Sie, daß das *-s* also nur in der bejahenden Form vorkommt! Hier folgt eine Übersicht über die einfachen Gegenwartsformen für alle Personen:

I *You* *We* *They*	*drink* *don't drink*	*white coffee.* *tea.*	*Do*	*I* *you* *we* *they*	*get up early?*
He *She* *It*	*drinks* *doesn't drink*		*Does*	*he* *she* *it*	

Diese Gegenwartsform steht bei Zeitangaben wie *always*, die Ihnen in Lektion 31 vorgestellt wurden, und bei Ausdrücken wie:

every day	jeden Tag	*every week*	jede Woche
every morning	jeden Morgen	*every month*	jeden Monat
every afternoon	jeden Nachmittag	*every year*	jedes Jahr
every evening	jeden Abend		
every night	jede Nacht		

Dialog 1: He drives to his office.

Geheimagent 009 hat Informationen über Mr. Xs Gewohnheiten gesammelt und berichtet seinem Chef darüber.

Boss: Number!
009: It's me, sir.
Boss: Number!
009: 009, sir.
Boss: Come in. Well, 009, have you got the information?
009: Yes, sir. . . . Coffee, cream, bread, butter, sugar. Oh, er, no, that's –
Boss: What?
009: Sorry, sir. I always write my groceries in this book. Ah, here we are. "Report on Mr. X."
Boss: Well, go on!
009: He gets up every day at five o'clock. And he has breakfast at six.
Boss: What does he eat?
009: He usually eats some bread and butter, and he always drinks some coffee. Every morning, he leaves his house at nine o'clock, and goes to his office.
Boss: Does he go by bus?
009: No, he always goes by car. Yes. He drives to his office.
Boss: Yes?

009: He works in his office till four o'clock every afternoon. Then he goes home.

Boss: And in the evening?

009: Every evening, he stays at home.

Boss: What does he do?

009: Oh, he sometimes reads the newspaper. And he often listens to the radio.

Boss: And when does he go to bed?

009: Two o'clock. He goes to bed at two o'clock, every night.

Boss: Are you tired, 009?

009: Yes, sir. Very tired.

Boss: Why?

009: Why? Because when *he* goes to bed, *I* go to bed, and when he gets up, *I* get up, and when he –

Boss: 009? 009!

009 ist eingeschlafen.

Wörter und Wendungen

number ['nʌmbə]	*(Code)*Nummer	go on ['gəu 'ɔn]	machen Sie weiter!
it's me [its 'mi:]	ich bin's	office ['ɔfis]	Büro
information [infə'meiʃən]	Auskunft, Auskünfte, Information (-en)	work [wə:k]	arbeiten
		till [til]	bis *(Man sagt auch "until"* [ən'til].*)*
groceries ['grəusəriz]	Lebensmittel	newspaper ['nju:speipə]	Zeitung
report [ri'pɔ:t]	Bericht	when [wen]	wann

Dialog 2: Does he always carry the black bag?

009 schläft immer noch im Büro seines Chefs.

Boss: 009! 009! . . . Miss Smith!

Miss Smith: Yes, sir.

Boss: Some coffee, please.

Miss Smith: Two coffees, sir?

Boss: No, just one. It's for 009. Thank you. . . . 009!

009: What –

Boss:	Thank you, Miss Smith. 009! Here! Coffee.
009:	Oh, yes please.
Miss Smith:	White, sir?
009:	No. I never drink white coffee. I always drink black coffee.
Miss Smith:	There you are, sir.
009:	Thank you.
Boss:	Now, 009. About Mr. X. The bag.
009:	The bag?
Boss:	Yes. Does he always carry the black bag?
009:	Oh yes, yes, always. He never goes to his office without it, he never goes home without it, and he never goes to *bed* without it.
Boss:	Hmm. And what does he carry in it?
009:	What does he carry in it? Oh, he carries –
Boss:	Yes?
009:	He carries –
Boss:	Yes? Yes?
009:	He – carries –
Boss:	009? Oh, no! . . . Miss Smith!
Miss Smith:	Yes, sir.
Boss:	More black coffee, please. 009!
	009 ist wieder eingeschlafen.

Wörter und Wendungen

just one [dʒəst 'wʌn]	nur ein(e)	there you are ['ðɛə ju 'ɑ:]	hier bitte!
white coffee ['wait 'kɔfi]	Milchkaffee	without [wi'ðaut]	ohne
black coffee ['blæk 'kɔfi]	schwarzer Kaffee	more [mɔ:]	mehr

Song: He eats, he works, he sleeps.

He drives to his office,
He goes there every day,
He sits *at his table,* — *an seinem Schreibtisch*
And he doesn't want to stay.

He leaves home every morning,
He comes home every night,
He eats, he works, he sleeps,
He doesn't think it's all right. — *er glaubt nicht, daß es in Ordnung ist*

He works in an office,
He sits in a chair,
He writes *a lot of* letters, — *eine Menge*
And he doesn't want to be there.

He leaves home every morning,
He comes home every night,
He eats, he works, he sleeps,
He doesn't think it's all right.

He comes home every evening,
He doesn't say a word, — *er sagt kein Wort*
He sits *near* the window, — *(nahe) an*
And he listens to the *birds*. — *Vögel*

Übungen

1. Sehen Sie sich Dialog 1 noch einmal an. Beantworten Sie die Fragen nach Mr. Xs Gewohnheiten:
   a) When does he get up? He gets up at five o'clock.

   b) When does he have breakfast? . . . .

   c) When does he leave his house? . . . .

   d) When does he leave his office? . . . .

   e) When does he go to bed? . . . .

   Üben Sie dasselbe mit einem Partner.

2. Beantworten Sie die Fragen über Mr. X; benutzen Sie dazu *Yes, he does* oder *No, he doesn't:*

a) Does he get up at five? ....
b) Does he drink coffee for breakfast? ....
c) Does he leave his house at ten? ....
d) Does he drive to his office? ....
e) Does he work till five? ....
f) Does he stay at home in the evening? ....
g) Does he always read the newspaper? ....
h) Does he go to bed at midnight? ....

Üben Sie dasselbe mit einem Partner.

3. Setzen Sie die richtigen Wörter ein:

a) Agent 009 always .... black coffee.

b) I always .... white coffee.

c) We often .... apples.

d) Mr. X usually .... some bread and butter for breakfast.

e) They sometimes .... American newspapers.

f) Miss Smith never .... Japanese books.

4. Setzen Sie *do* oder *does* ein:

a) . . . . . . you smoke?

b) Agent 009 . . . . . . not drink white coffee.

c) . . . . . . Mr. X get up early?

d) We . . . . . . not go to bed late.

e) . . . . . . Mr. and Mrs. Green speak German?

f) Mary . . . . . . not work in a bank.

LEKTION 33

Susan's Working in an Office

Was wird gelernt?

He's wearing a blue suit./He always wears a blue suit.

Mary:	Hans always wears a blue suit.	*Mary:*	Hans trägt immer einen blauen Anzug.
John:	No, he doesn't.	*John:*	Nein, das stimmt nicht.
Mary:	Look! Here he is. Now, what's he wearing?	*Mary:*	Schau! Hier ist er. Nun, was hat er an?
John:	He's wearing a blue suit.	*John:*	Er hat einen blauen Anzug an.
Hans:	Yes. I always wear a blue suit.	*Hans:*	Ja. Ich trage immer einen blauen Anzug.

So wird's verständlich:

In den letzten beiden Lektionen haben Sie die einfache Gegenwartsform kennengelernt, die regelmäßig sich Wiederholendes ausdrückt. Man darf sie nicht mit der anderen Gegenwartsform, der Verlaufsform, verwechseln, die ausdrückt, was jetzt gerade geschieht (Lektion 27 und 28). In dieser Lektion werden beide Formen einander gegenübergestellt, um den Unterschied ganz deutlich zu machen. Sehen Sie sich dazu diese Beispiele an:

Jetzt Verlaufsform	**Gewohnheitsmäßig** Einfache Gegenwart
I'm drinking *tea.* **We're having** *breakfast.* **He's drinking** *white coffee.*	**I** *often* **drink** *tea.* **We** *always* **have** *breakfast at 8.00.* **He** *never* **drinks** *black coffee.*
Are they working *in the office?* – *Yes,* **they are.** **Is he watching** *T.V.?* – *Yes,* **he is.**	**Do they** *usually* **work** *in this office?* – *Yes,* **they do.** **Does** *he often* **watch** *T.V.?* – *Yes,* **he does.**
I'm not reading. **She isn't listening** *to the radio.*	**I don't read** *Japanese books every day.* **She doesn't listen** *to the radio every evening.*
What are you doing *now?*	**What do you do** *at weekends?*

Dialog 1: He's driving away!

Geheimagent 009, der noch immer sehr müde ist, sitzt mit der Agentin 008 zusammen im Auto. Sie versuchen immer noch herauszufinden, was in Mr. Xs Tasche ist.

008: 009! Wake up! Wake up!
009: Uh?
008: 009! Is that the house?
009: House? Whose house?
008: Mr. X's house.
009: Oh. Er, yes. Yes.
008: Good . . . 009!
009: What?
008: Is that him? Is that Mr. X? That man.
009: What's he wearing?
008: He's wearing a blue suit.
009: Well, Mr. X always wears a blue suit, so –
008: And he's smoking a cigarette.
009: Yes, Mr. X always smokes cigarettes.
008: And he's carrying a black bag.
009: Yes, Mr. X always carries a black bag. What's the man doing now?
008: He's leaving the house.
009: What time is it?
008: Um, nine o'clock.
009: Nine o'clock. Oh dear –
008: Well, does he usually leave the house at nine o'clock?
009: Yes, yes he does.
008: Well then, that's him. That's Mr. X.
009: Yes.
008: Now he's walking to his car.
009: Yes –
008: And now he's driving away!
009: Yes. He drives to his office every day.

008: Well, follow him.
009: Oh, er, yes.
Der Wagen springt nicht an.
008: Oh!
008 rennt hinter dem Wagen von Mr. X her. 009 schläft wieder ein.

Wörter und Wendungen

wake up ['weik 'ʌp]	wach auf!	is that him? [iz 'ðæt 'him]	ist er das?
uh? [u:]	hä? (was ist los?, was willst du?)	so [səu]	also
		well then ['wel ðen]	nun (also)
whose? [hu:z]	wessen?		
Mr. X's house ['mistə 'eksiz 'haus]	das Haus von Mr. X	is driving away [iz 'draiviŋ ə'wei]	fährt (gerade) fort
		follow ['fɔləu]	folgen

Dialog 2: I always eat tomato sandwiches.

008 ist hinter dem Wagen von Mr. X hergerannt und hat ihn gerade eingeholt.

008: Excuse me –
Mr. X: Yes?
008: Just a minute. I always get tired when I run.
Mr. X: Well, why don't you *walk?*
008: Listen. Usually . . . I don't walk, and I don't run. I usually drive a car.
Mr. X: Do you?
008: Yes. I'm a secret agent, not a postman . . . Oh.
Mr. X: Secret agent, eh?
008: Yes. Now, put up your hands. I've got a gun.
Mr. X: Oh yes. What do you want?
008: Your black bag.
Mr. X: My black bag?
008: Yes. It's in your hand. You are carrying a black bag.

Mr. X: Yes. I'm carrying a black bag.
008: I want to know what's in it.
Mr. X: Do you?
008: Yes.
Mr. X: Do you want to look?
008: Yes, yes. Open it.
Mr. X: There.
008: Two tomato sandwiches and a banana.
Mr. X: Yes. You see, I always eat tomato sandwiches. *I* think that tomato sandwiches are –
008: 009!!! . . . 009! . . . 009!

Wörter und Wendungen

minute ['minit]	Minute	gun [gʌn]	Schußwaffe, Pistole
just a minute ['dʒʌst ə 'minit]	(nur) einen Augenblick!	know [nəu]	wissen
get tired ['get 'taiəd]	müde werden	I want to know [ai 'wɔnt tə 'nəu]	ich will wissen
postman ['pəustmən]	Briefträger, Postbote	tomato [tə'mɑ:təu]	Tomate
put up your hands ['put 'ʌp jɔ: 'hændz]	(heben Sie die) Hände hoch!	you see [ju 'si:]	wissen Sie, Sie verstehen
		I think that . . . [ai 'θiŋk ðət]	ich glaube, daß . . .

Song: Susan's working in an office.

Susan's working in an office,
She works there every day,
She always comes there early,
And she often goes home late.

Susan's working and she's singing,
She's typing letters and the phones are ringing, — *sie tippt Briefe, und die Telefone klingeln*
She's working, she's working
She's working, hey-hey-hey,
In the office where she works
every day.

Bernard's working in a bank,
He works there *all the time,* — *die ganze Zeit über, ständig*

He always gets up early,
And he comes to work at nine.

Bernard's working and he's singing,
He's counting money and the phones are ringing, — *er zählt*
He's working, he's working,
He's working, hey-hey-hey,
In the bank where he works every day.

Übungen

1. Beantworten Sie diese Fragen mit Kurzantworten *(Yes, I am; No, I'm not; Yes, I do* oder *No, I don't):*
   Do you speak German? ....

   Are you writing German at this moment? ....

   Do you smoke? ....

   Are you smoking now? ....

   Do you often eat rice? ....

   Are you eating rice at this moment? ....

   Do you usually have breakfast early? ....

   Are you having breakfast now? ....
   Üben Sie dasselbe mit einem Partner.

2. Beantworten Sie diese Fragen mit bejahenden Kurzantworten:
   a) Is Jack reading? Yes, he is.
   b) Do Mr. and Mrs. Smith get up early? Yes, they do.

c) Does Fred Green work here? ....

d) Are the children sleeping? ....

e) Is Mary carrying a black bag? ....

f) Do your children go to bed early? ....
Üben Sie dasselbe mit einem Partner.

3. Setzen Sie in diesen Sätzen, die von Mr. X berichten, das richtige Tätigkeitswort ein:

a) He always .... a blue suit, and he .... a blue suit now.

b) He .... his house at nine every day, and he .... his house now.

c) He .... a black bag now.

d) He always .... a black bag.

e) He always .... to his office by car.

f) Look! He .... away!

4. Die Frage *Where do you come from?* (Woher kommst du? Wo stammst du her?) steht in der Gegenwartsform, die Gewohnheitsmäßiges (oder etwas, was ein für allemal der Fall ist,) ausdrückt. Wäre man Engländer, so könnte man die Frage mit *I come from England* oder *I'm English* beantworten. Bilden Sie entsprechende Antworten auf folgende Fragen:
What's your name? ....

Where do you come from? ....

How old are you? ....

Do you speak English? ....

LEKTION 34

Whose Can It Be?

Was wird gelernt?

Whose . . . ? **mine — yours — his — hers — ours — theirs**
Mary's

John: Hallo, Hans!	*John:* Hallo, Hans!
Hans: John! There's a dog in the kitchen.	*Hans:* John! Ein Hund ist in der Küche.
John: Yes. Its name's Tom.	*John:* Ja. Er heißt Tom.
Hans: Well, whose is it? Is it yours?	*Hans:* Nun, wem gehört er? Ist es deiner?
John: No, it's not mine. Its Mary's.	*John:* Nein, es ist nicht meiner. Es ist Marys.

So wird's verständlich:

whose . . . ? In Lektion 13–15 haben Sie die besitzanzeigenden Eigenschaftswörter kennengelernt: *my* (mein), *your* (dein, Ihr, euer), *his* (sein), *her* (ihr), *our* (unser), *their* (ihr, Mehrzahl). Dazu gehört auch *its* (sein, sächlich), das Ihnen im Eingangsdialog begegnete. Will man fragen, wem etwas gehört, so tut man es mit dem Fragewort *whose?* (wessen?). Sehen Sie sich dazu folgende Beispiele an:

Whose *car* is this?	oder	**Whose is this *car*?**
Whose *books* are these?		**Whose are these *books*?**
Whose *house* is this?		**Whose is this *house*?**

Beide Wortstellungen sind möglich; der ersten entspricht im Deutschen „Wessen Auto ist dies?", der zweiten etwa „Wem gehört dieses Auto?"

Mary's: Um auszudrücken, wem etwas gehört, setzt man einen Apostroph (Auslassungszeichen) und ein *s* hinter den Namen des Besitzers; also:

*This is John'***s** *car.*
*These are Mary'***s** *books.*
*This is the doctor'***s** *house.*

Endet die Bezeichnung für den Besitzer auf *-s* oder handelt es sich dabei um ein Wort in der Mehrzahl, das ja auch auf *-s* endet, so kennzeichnet man den Besitzfall (Genitiv) nur durch ein Auslassungszeichen. Das sieht dann so aus:

*This is Jame***s'** *dog.*
*This is the ladie***s'** *office.*

Allerdings sieht man in diesen Fällen häufig auch die Form mit Auslassungszeichen + *s*, was ebenfalls nicht falsch ist *(James's)*.
In Lektion 25 begegnete Ihnen das Wort *grocer's* (Lebensmittelgeschäft). Auslassungszeichen + *s* sind hier von dem vollständigen Ausdruck *grocer's shop* herzuleiten. Der *grocer* ist der Mann, der Lebensmittel in seinem *shop* (Laden, Geschäft) verkauft. Viele Geschäfte werden im Englischen in dieser Form bezeichnet, zum Beispiel *the baker's* (der Bäcker, die Bäckerei), *the butcher's* (der Fleischer, die Fleischerei).

yours/mine: Wie Sie wissen, kann man sagen *Is this your car?* (Ist das Ihr Wagen?) – *Yes, it's my car.* (Ja, das ist mein Wagen.) Wenn jedoch der Wagen bereits erwähnt worden ist, will man das Wort in der Antwort nicht gern wiederholen, und man ersetzt das besitzanzeigende Eigenschaftswort (*my*) und das dazugehörige Hauptwort (*car*) einfach durch ein besitzanzeigendes Fürwort, das wie ein Hauptwort gebraucht wird (substantivisches Possessivpronomen); also: *Is it yours? – Yes, it's mine.* (Ist das Ihrer? – Ja, es ist meiner.)

Hier sind die wie ein Hauptwort gebrauchten besitzanzeigenden Fürwörter:

mine	meiner, -e, -s	**his**	seiner, -e, -s
yours	deiner, -e, -s;	**hers**	ihrer, -e, -s
	Ihrer, -e, -s;	**ours**	unsrer, -e, -sers
	eurer, -e, -es	**theirs**	ihrer, -e, -s

Dialog 1: They're not mine.

Mavis geht am Fluß spazieren.

Mavis: Oh, what's this? A coat, a jacket, a shirt, a tie . . . some trousers, some socks, some shoes. Hmm. Oh, oh dear . . . um . . .

Ein Polizist kommt auf sie zu.

Policeman: Good morning, Miss. And what are you doing here, eh?

Mavis: Oh, look, can you –

Policeman: I'm asking the questions, Miss. What are you doing here?

Mavis: I'm just walking by the river, but –

Policeman: Do you *often* walk by the river?
Mavis: Yes, every morning, but –
Policeman: Yes, Miss, what is it?
Mavis: Look!
Policeman: Ah, ha. Are these *your* clothes, Miss?
Mavis: No, they're not mine.
Policeman: This coat isn't yours?
Mavis: No.
Policeman: The shoes?
Mavis: No, of course the shoes aren't mine. The jacket isn't mine, the shirt isn't mine, the tie isn't mine, and the –
Policeman: Well, whose are they?
Mavis: Whose are they? I don't know. Perhaps there's a man . . . in the water.
Policeman: Swimming?
Mavis: Yes. Or . . . or . . .
Policeman: Or what?
Mavis: Well, sometimes –
Policeman: Can you see a man in the water?
Mavis: No.
Policeman: O.K.
Mavis: What are you doing?
Policeman: I'm taking these clothes to the police-station.
Mavis: Oh, well, is it . . . I mean, do you . . .

Als sie weggegangen sind, kommt ein Mann aus dem Wasser.

Man: Ah, fantastic swim! Hey! My clothes! Where are my clothes?

Wörter und Wendungen

coat [kəut]	Mantel
jacket ['dʒækit]	Jackett, Jacke
shirt [ʃə:t]	Hemd
tie [tai]	Krawatte
socks [sɔks]	Socken
shoes [ʃu:z]	Schuhe
I'm asking the questions ['aim 'ɑ:skiŋ ðə 'kwestʃənz]	ich stelle (hier) die Fragen
river ['rivə]	Fluß
by the river [bai ðə 'rivə]	am Fluß
clothes [kləuðz]	Kleider

of course [əv 'kɔ:s]	natürlich, selbstverständlich
perhaps [pə'hæps]	vielleicht
is it . . . ['iz it]	*(Mavis wollte eigentlich fragen: "Is it all right?" und*
do you . . . ['du ju]	*"Do you think it's all right?", zögerte jedoch.)*
ah, fantastic swim! ['ɑ: fæn'tæstik 'swim]	ah, das Schwimmen war herrlich!

Dialog 2: These are Mr. A. S. Brown's clothes.

Der Polizist hat die Kleider mit zur Polizeiwache genommen und spricht dort mit einem anderen Polizisten.

Policeman 1: By the river, yes. Look: coat, jacket, shirt, tie, trousers, socks and shoes.
Policeman 2: Is there a name in them?
Policeman 1: Um, yes. Look: A. S. Brown.
Policeman 2: A. S. Brown. O.K.
Der Schwimmer kommt tropfnaß an.
Policeman 1: Er, can we help you, Mr. Brown?
Man: Yes. But how do – my clothes!
Policeman 1: They're yours, are they?
Man: Yes.
Policeman 2: This jacket?
Man: Yes, that's mine.
Policeman 2: The trousers?
Man: Yes, they're mine, too. *And* the shoes, and the shirt, and the c-c-c-coat, and the t-t-t-tie.
Policeman 2: And the socks?
Man: Yes, they're all mine.
Policeman 1: Hmm.
Man: Can I have them, please?
Policeman 2: Fred, whose clothes are these?
Policeman 1: They're Mr. Brown's.
Man: Yes. *I*'m –
Policeman 2: Mr. A. S. Brown's. These are Mr. A. S. Brown's clothes.
Man: Well, *I*'m Mr. A. S. Brown, so they're mine.

Policeman 1:	Yes, they're his all right. Look, he's not wearing a coat, or a jacket.
Policeman 2:	Here you are, Mr. Brown.
Man:	Thank you.
	Mr. Brown geht zitternd, niesend und tropfend hinaus.

Wörter und Wendungen

can we help you? [kən wi 'help ju]	können wir Ihnen behilflich sein?
but how do – [bət 'hau du]	*(Mr. Brown wollte sagen: "But how do you know my name?"* „Aber woher wissen Sie, wie ich heiße?")
they're his all right [ðeə 'hiz ɔːl 'rait]	das stimmt schon, es sind seine

Song: Whose can it be?

There's a big black car outside the *house*,	*Haus*
Whose can it be?	*wem kann es gehören?*

There's a big black car outside the house,
Whose can it be?
Whose is it? Whose is it?
Whose can it be?

It isn't yours, and it isn't mine,	
It isn't ours, because we can't drive,	
Wait a minute, *let me see,*	*laß mich überlegen*
Whose can it be?	
Is it Mr. Brown's?	
No it isn't his,	
(Well, *anyway I don't think it is.*)	*jedenfalls glaube ich nicht, daß es (seins) ist*

Is it Mrs. Green's?
No, *wrong again*, — *wieder falsch*
She always goes to work by train.
Wait a minute, let me see,
Whose can it be?

Mr. and Mrs. Jones' *upstairs?* — *oben (im Haus)*
No, *that's not right*, it isn't theirs. — *das stimmt nicht*
Wait a minute, let me see,
Whose can it be?
Whose is it? Whose is it?
Whose can it be?

Übungen

1. Bilden Sie nach folgendem Beispiel mit den angegebenen Wörtern Fragen und Antworten:

a) Whose dog is this?	It's John's.
b) . . . . . car . . . . ?	. . . . Mary . . .
c) . . . . . house . . . . ?	. . . . my father . . .
d) . . . . . books . . . . ?	. . . . the doctor . . .
e) . . . . . shoes . . . . ?	. . . . Mr. Brown . . .

Üben Sie Fragen und Antworten mit einem Partner.

2. Beantworten Sie die Fragen mit „ja":

a) Is this your tie?	Yes, it's mine.
b) Is this the doctor's coat?	. . . .
c) Are these Mr. Brown's clothes?	. . . .
d) Are these Mr. Green's shoes?	. . . .
e) Is this Mr. and Mrs. Smith's house?	. . . .

Üben Sie dasselbe mit einem Partner.

LEKTION 35

There Are a Lot of People in the City

Was wird gelernt?

	a lot of		much/many
Mary:	John, you smoke a lot of cigarettes, don't you?	*Mary:*	John, du rauchst eine Menge Zigaretten, nicht?
John:	Me? No, not many.	*John:*	Ich? Nein, nicht viele.
Mary:	Not many!	*Mary:*	Nicht viele!
John:	Look, I don't smoke many cigarettes. I smoke thirty a day.	*John:*	Sieh mal, ich rauche nicht viele Zigaretten. Ich rauche dreißig am Tag.
Mary:	Thirty! That's a lot of cigarettes!	*Mary:*	Dreißig! Das sind eine Menge Zigaretten.

So wird's verständlich:

a lot of: „viel(e)", „eine Menge" wird in bejahenden Sätzen vor unzählbaren Begriffen und vor zählbaren Begriffen in der Mehrzahl gebraucht. (Über den Unterschied zwischen zählbaren und unzählbaren Begriffen sprachen wir in Lektion 25.) Es heißt also:

You smoke **a lot of cigarettes.**
He eats **a lot of apples.**
We read **a lot of books.**

He's got **a lot of money.**
I drink **a lot of tea.**
She eats **a lot of bread.**

many: „viele" ist die Entsprechung von *a lot of* in verneinenden Sätzen und Fragen vor zählbaren Begriffen in der Mehrzahl:

I don't smoke **many cigarettes.**
He doesn't eat **many bananas.**
Do you read **many books?**

much: „viel" wird in verneinenden Sätzen und Fragen vor unzählbaren Begriffen gebraucht:

> *We haven't got* **much money.**
> *They don't drink* **much coffee.**
> *Do you drink* **much tea?**

how much . . . ?/how many . . . ? Die Frage *How much is it?* (Wieviel kostet es?) kennen Sie bereits seit Lektion 8. Wie Sie sich denken können, leitet *how much* eine Frage nach unzahlbaren und *how many* eine nach zählbaren Begriffen in der Mehrzahl ein. Man fragt also:

> **How many cigarettes** *do you smoke a day?*
> **How many brothers** *have you got?*

> **How much bread** *do you eat?*
> **How much money** *have you got?*

Dialog 1: Do you smoke cigarettes?

Hier geht es um einen Werbefeldzug mit dem Ziel, die Menschen davon zu überzeugen, daß sie das Rauchen aufgeben sollten. Am Piccadilly Circus in London werden die Leute interviewt.

Interviewer: A lot of people smoke cigarettes. Ten a day, fifteen a day, twenty a day. A lot of people smoke ten, fifteen, twenty, thirty cigarettes every day.
If you ask: 'Do you smoke many cigarettes?' they always say: 'No, not many'. But ten, twenty every day: that's a lot of cigarettes. I'm here in Piccadilly Circus asking people about cigarettes. There are a lot of people here.
Er, excuse me.

Man: Yes?

Interviewer: I'm asking people about cigarettes.

Man: Oh yes.

Interviewer: Do you smoke?

Man: Yes, I do.

Interviewer: How many cigarettes do you smoke in a day?

Man: Oh, not many. Ten . . . fifteen . . . I smoke a lot when I'm working, but not many when I'm not working.

Interviewer: I see. Thank you. Ah, excuse me, madam.

Woman: Yes?

Interviewer: Do you smoke?

Woman: Well, sometimes. Two or three a day.

Interviewer: That's not many, is it? Excuse me, sir.

Man 2: Yes?

Interviewer: Do you smoke?

Man 2: Well, I don't smoke many cigarettes. I smoke a lot of cigars.

Interviewer: Thank you. Ah, here's a young couple. Excuse me, do you smoke?

Man 3: Twenty, twenty-five a day. Not many.

Girl: Not many! Do you know, he's always tired, because he smokes such a lot of cigarettes.

Man 3: I don't.

Girl: You do.

Interviewer: Hmm. *You* sir, do you smoke?

Man 4: Yes, I smoke quite a lot. Forty a day. And look at me.
I'm very well.
Er geht und hustet schlimm dabei.

Wörter und Wendungen

people ['pi:pl]	Leute *(Einzahl: "person")*	couple ['kʌpl]	(Ehe)Paar
ten a day ['ten ə 'dei]	zehn am Tag, täglich zehn	girl [gə:l]	Mädchen, junge Frau
about [ə'baut]	über	such [sʌtʃ]	solch(er, -e, -es)
I'm asking about [aim 'a:skiŋ ə'baut]	ich (be)frage (gerade)	such a lot ['sʌtʃ ə 'lɔt]	so viel(e), so eine Menge
I see [ai 'si:]	ich verstehe	quite [kwait]	ganz, ziemlich
cigar [si'ga:]	Zigarre	quite a lot ['kwait ə 'lɔt]	eine ganze Menge, ziemlich viel

Dialog 2: I haven't got much money.

Der Interviewer stellt nun zu dem gleichen Thema im Fernsehen Mr. Jim Black vor.

Interviewer: This is Mr. Jim Black, last November.

Jim Black: *(Stimme auf Band)* My name is Jim Black. I smoke sixty cigarettes every day. That's a lot of cigarettes. I smoke a lot, so I haven't got a very good appetite. I eat some bread and butter sometimes. But I can't eat much. I drink tea, but not much. I haven't got much money, because I spend a lot on cigarettes.

Interviewer: And this is Mr. Jim Black today.

Jim Black: Hallo.

Interviewer: Hallo, Jim. How are you?

Jim Black: Oh, I'm very well, and I'm very happy now that I don't smoke.

Interviewer: How's your appetite?

Jim Black: Fine. I eat a lot, and I drink a lot. I'm very well.

Wörter und Wendungen

last [la:st]	letzter, -e, -es	appetite ['æpitait]	Appetit, Hunger
last November ['la:st nəu'vembə]	im vergangenen November	I haven't got a very good appetite	ich habe keinen sehr großen Hun-

[ai 'hævnt 'gɔt ə 'veri 'gud 'æpitait]	ger	now that I don't smoke ['nau ðət ai 'dəunt 'sməuk]	jetzt, wo ich nicht mehr rauche
spend money on ['spend 'mʌni ɔn]	Geld ausgeben für		

Song: There are a lot of people in the city.

There are a lot of people *in the city,*	*in der Stadt*
There are a lot of people, *working hard,*	*die hart arbeiten*
There are a lot of people in the city,	
There are a lot of people, driving cars,	
And they all say *they're doing fine,*	*es geht ihnen gut*
But they never have much time	
To sit and *smile* . . . in the city.	*lächeln*
There aren't many people in the country,	
There aren't many people, *living there,*	*die dort leben*
There aren't many people in the country,	
There aren't many people, breathing the air,	
But they're all doing fine,	
And they always have a lot of time	
To sit and smile . . . in the country.	
In the country.	

Übungen

1. Setzen Sie *much, many* oder *a lot of* ein:

a) I don't have . . . . sugar in my tea.

b) There are . . . . cars in the street today.

c) How . . . . sisters have you got?

d) I'm late, so I haven't got . . . . time.

e) My brother reads . . . . books.

Erinnern Sie sich bitte an folgendes:
Wenn ein Besitzverhältnis ausgedrückt werden soll, benutzt man *have got* und in der Verneinung *haven't got* (wie im dritten und vierten Satz).
Will man dagegen eine Gewohnheit ausdrücken, so heißt es nur *have*, wie zum Beispiel in *have dinner*, *have lunch*; das *got* bleibt also fort. Die Verneinung heißt dann *don't have*.

2. Setzen Sie *much*, *many* oder *a lot of* ein; dabei ist die erste Satzhälfte bejahend, die zweite verneinend:
   a) I smoke .... cigarettes, but I don't .... cigars.

   b) I read .... books, but I don't read .... newspapers.

   c) I eat .... bread, but I don't eat .... apples.

   d) I drink .... tea, but I don't drink .... milk.

3. Bilden Sie Fragen und kurze Antworten:
   a) Are there many people in the park? No. Not many.

   b) .... cars in the street? ....

   c) .... bread in the kitchen? ....

   d) .... milk in the kitchen? ....

   e) .... men in the office? ....

   Üben Sie dasselbe mit einem Partner.

LEKTION 36

What Are You Going to Do?

Was wird gelernt?

What are you going to do?
I'm going to ... / He's not going to ...

John: Hallo, Mary.	*John:* Hallo, Mary.
Mary: John, are you smoking?	*Mary:* John, rauchst du (gerade)?
John: Yes, yes, I am. But I am going to stop.	*John:* Ja, ja, ich rauche. Aber ich will es aufgeben.
Mary: When?	*Mary:* Wann?
John: Tomorrow. I'm going to give up smoking tomorrow. I'm not going to smoke any more.	*John:* Morgen. Ich werde morgen das Rauchen aufgeben. Ich werde nicht mehr rauchen.

So wird's verständlich:

Will man im Englischen etwas ausdrücken, das in naher Zukunft liegt, etwa daß jemand etwas tun will oder daß man fast sicher ist, es werde etwas geschehen, so benutzt man die Gegenwartsformen von *be* (sein) + *going to:*

I'm going to stop smoking.	Ich will das Rauchen aufgeben. Ich bin im Begriff, das Rauchen aufzugeben.
We're going to have lunch.	Wir werden (gleich) zu Mittag essen.
It's going to rain.	Es wird (gleich) regnen.

Diese Zukunftsform ist ganz einfach zu bilden, wenn man ihren Aufbau durchschaut. Man nimmt *go* in der ersten Zeitform der Gegenwart, die

Sie kennengelernt haben, der Verlaufsform, also mit der *-ing*-Endung (*I'm going, You're going* usw.) und schließt das Zeitwort, das den Inhalt der Absicht ausdrückt, mit *to* an.
Die Verneinung wird in üblicher Weise mit *not* gebildet:

We're not **We aren't**	**going to have lunch.**	**It's not** **It isn't**	**going to rain.**

Fragen werden, wie üblich, durch Umstellung gebildet:

Are you going to stop smoking?
Is it going to rain?
When are we going to have lunch?

Kurzantworten setzen sich aus dem Hauptwort oder Fürwort und der entsprechenden Form von *be* zusammen:

Are you going *to stop smoking? – Yes,* **I am.**

Dialog 1: I'm not going to jump into the water.

Ein recht seltsam aussehender Wissenschaftler steht am Rand einer Brücke über einen Fluß. Eine Frau kommt vorüber und sieht ihn.

Man: Twenty-three, twenty-two, twenty-one –
Woman: Hey! What are you doing?
Man: Go away! 20, 19, 18, 17 –
Woman: Ooh! You're not going to jump, are you?
Man: Go away! 16, 15, 14 –
Woman: I said, you're not going to jump, are you?
Man: Jump?
Woman: Yes, *jump*. From this bridge.
Man: From this bridge?

Woman: Yes.
Man: Madam, are you going to stand here all day? 13, 12, 11 –
Woman: You *are* going to jump. I knew it.
Man: All right, yes. I *am* going to jump. Now go away!
Woman: Don't be stupid!
Man: Stupid! Madam, *I* am a scientist. 'Stupid!'
Woman: Yes, the water's very cold.
Man: 10, 9 – Water? Oh, no, madam. I'm not going to jump into the water.
Woman: You're not going to jump into the water?
Man: No, I am *not* going to jump into the water. I'm going to fly. 8, 7, 6 –
Woman: Fly!
Man: Yes, I'm going to fly, and I'm going to be famous! 5, 4 –
Woman: He's going to fly! Ha! Ha!
Man: 3, 2, 1 –
Es platscht furchtbar, als er ins Wasser fällt.

Wörter und Wendungen

go away ['gəu ə'wei] gehe(n Sie) weg!

jump [dʒʌmp] (hinein)springen

are you? ['ɑ: ju] nicht wahr? *(Im Dialog 2 in Lektion 23 sahen Sie, daß*

	man, wenn man Zustimmung erwartet, bei solchen Bestätigungsfragen die Stimme senkt. Bei einer wirklichen Frage – wie hier – hebt man dagegen die Stimme.)
I said [ai 'sed]	ich sagte
I knew it [ai 'nju: it]	ich wußte es *(Zeitwort "know")*
stupid ['stju:pid]	dumm

scientist ['saiəntist]	(Natur)Wissenschaftler
madam ['mædəm]	gnädige Frau, meine Dame *(Diese Anrede wird gewöhnlich von Kellnern, Verkäufern usw. gebraucht – siehe Lektion 8. Hier benutzt sie der Mann, um bewußt steif und förmlich zu sein.)*
fly [flai]	fliegen
famous ['feiməs]	berühmt

Dialog 2: I'm going to fly like a bird.

Die Frau hilft dem Wissenschaftler aus dem Wasser.

Woman: Are you all right?
Man: Yes, thank you. Goodbye.
Woman: Goodbye . . . What are you going to do now?
Man: Well, I'm going to jump again, of course.
Woman: Oh, no! You can't –
Man: And this time, I really am going to fly.
Woman: But –
Man: I'm going to fly like a bird, and I'm going to be world-famous! Goodbye.
Woman: Now, listen. Now come here. You are not going to jump again.
Man: Oh yes, I am.
Woman: Oh no, you're not.
Man: Yes, I am.
Woman: No, you're not.
Man: Who is going to stop me?
Woman: Well, . . . I am.
Man: Very well. If I'm not going to jump, what am I going to do?
Woman: You're going to go home.

Man: Go home?

Woman: Yes, you're going to go home, you're going to change your clothes, you're going to eat a hot dinner and you're going to go to bed.

Man: No, I'm not.

Woman: Yes, you are.

Man: No, I'm not. I'm going to jump from the bridge, and –
Der Wind wird stärker, und der Fluß ist aufgewühlt.
Er, I'm going to fly – and, er, I'm going to – Yes, I'm going to go home, eat my dinner, and go to bed.

Woman: Good.

Man: But I'm going to come back again tomorrow.

Wörter und Wendungen

are you all right? [ɑ: ju 'ɔ:l 'rait]	(ist mit dir/Ihnen) alles in Ordnung?	like a ['laik ə]	wie ein(e)
really ['riəli]	wirklich	world-famous ['wə:ld'feiməs]	weltberühmt
stop [stɔp]	abhalten (von), hindern (an)	change [tʃeindʒ]	Wechsel
		hot [hɔt]	heiß, warm
bird [bə:d]	Vogel	dinner ['dinə]	(Abend)Essen

Song: What are you going to do?

The sun *is shining*, — *scheint (gerade)*
The *sky* is blue, — *Himmel*
What are you going to do?
The sun is shining,
The sky is blue,
What are you going to do?

I'm going to sit in the *garden*, — *Garten*
And look at the sun,
I'm going to have lunch,
At half past one,
I'm going to write a letter to you,
I'm going to post it at half past two.

The sun is shining,
The sky is blue,
What are you going to do?
The sun is shining,
The sky is blue,
What are you going to do?

I'm going to run
And jump in the *sea*, *Meer*
I'm going to swim,
At half past three,
I'm going to open my windows and open my door,
I'm going to have tea at half past four.

The sun is shining,
The sky is blue,
What are you going to do?
The sun is shining,
The sky is blue,
What are you going to do?

Übungen

1. Bilden Sie Fragen nach folgendem Beispiel:
   a) When are you going to type the letters?

   b) .... he .... cash that cheque?

   c) .... we .... have lunch?

   d) .... they .... sing our song?

   e) .... she .... stop smoking?

2. Sehen Sie sich noch einmal das Lied an. Bilden Sie Fragen und Kurzantworten *(Yes, he is* oder *No, he isn't):*

a) Is he going to sit in the garden? Yes, he is.

b) .... sit in the kitchen? ....

c) .... have lunch at 1.30? ....

d) .... write a postcard? ....

e) .... swim at 2.30? ....

f) .... have tea at 4.30? ....

Üben Sie dasselbe mit einem Partner.

3. Beantworten Sie diese Fragen:

Are you going to get up early tomorrow? ....

Are you going to go to bed early tonight? ....

Are you going to write any letter today? ....

Are you going to have breakfast early tomorrow? ....

Üben Sie dasselbe mit einem Partner.

LEKTION 37

It Always Rains on Monday

Was wurde gelernt?

Wiederholung Lektion 26—36

In den Dialogen, dem Song und den Übungen dieser Lektion werden die Schwerpunkte aus den Lektionen 26–36 noch einmal wiederholt. (Die Zahlen beziehen sich auf die Lektionen.)

27–28

What are you doing now?

I'm	
You're	*having lunch.*
We're	*watching T.V.*
They're	*reading.*
He's	
She's	

31–32

What do you do at the weekends?

I	*walk in the country.*
We	*go to the seaside.*
You	*don't stay at home.*
They	
He	*walks in the country.*
She	*doesn't stay at home.*

29–30

What do you want?
I want a large room.
I don't want a small room.
What does he want?
He wants a red carpet.
He doesn't want a blue carpet.

29

a large room
an orange car
a Japanese doctor
blue trousers
German women

33

Are you speaking English now?
– Yes, I am.
Do you speak English every day?
– Yes, I do.

34

Whose dog is this?

	Mary's.
	the doctor's.
	mine.
It's	*yours.*
	his.
	ours.
	theirs.

35

I've got a lot of	*apples.* *bread.* *bananas.*
I haven't got	*many.* *much.*

36

What are you going to do?
– I'm going to have lunch.

Dialog 1: A lot of people don't buy tickets.

Bernard sitzt im Zug in einem Abteil 1. Klasse. Der Fahrkartenkontrolleur kommt.

Inspector: Tickets!
Bernard: No, thank you.
Inspector: Pardon?
Bernard: I don't want a ticket, thank you.
Inspector: I'm not *selling* tickets, sir.
Bernard: No?
Inspector: No. I want to *see your* ticket.
Bernard: Oh, I haven't got a ticket.
Inspector: You haven't got a ticket?
Bernard: No. I never buy a ticket.

Inspector: Why not?
Bernard: Because I haven't got much money.
Inspector: Sir, you're travelling on a train. When people travel by train, they always buy a ticket –
Bernard: Ah –
Inspector: And you're sitting in a first-class compartment. When people sit in a first-class compartment, they always buy a first-class ticket.
Bernard: No, they don't.
Inspector: What?
Bernard: A lot of people don't buy tickets. The Queen doesn't buy a ticket, does she? Eh? Eh?
Inspector: No, sir, but –
Bernard: And where's yours?
Inspector: Mine?
Bernard: Yes, your ticket. Have *you* got a ticket?
Inspector: Me, sir?
Bernard: Yes, you.
Inspector: No, I haven't got a ticket.
Bernard: Ooh, are you a famous man?
Inspector: Famous? Well, – sir, *I* am a ticket-inspector.
Bernard: Oh.
Inspector: I inspect tickets. Are you going to show me your ticket?
Bernard: No, I haven't got a ticket.

Inspector:	O.K.
Bernard:	What are you going to do?
Inspector:	I'm going to write your name in my book.
Bernard:	Oh.
Inspector:	What *is* your name?
Bernard:	Mickey Mouse.
Inspector:	Mickey – your *name,* sir.
Bernard:	Henry Kissinger . . . Mao Tse-Tung . . . Abdelhalim Hafès . . . Elvis Presley . . .

Wörter und Wendungen

ticket inspector ['tikit in'spektə]	Fahrkarten-kontrolleur	why not? ['wai 'nɔt]	warum nicht?
pardon? ['pɑ:dn]	wie bitte?	travel ['trævl]	reisen
sell [sel]	verkaufen	compartment [kəm'pɑ:tmənt]	Abteil
buy [bai]	kaufen	show [ʃəu]	zeigen
the Queen [ðə 'kwi:n]	die (englische) Königin		

Dialog 2: We're coming to a station.

Bernard und der Fahrkartenkontrolleur sprechen immer noch miteinander.

Bernard:	Richard Nixon . . . Steve McQueen . . . Leonid Brezhnev –
Inspector:	Yes, sir. I see. Well, if you're not going to tell me your name, please leave the train.
Bernard:	Pardon?
Inspector:	Leave the train.
Bernard:	I can't.
Inspector:	You can't what?
Bernard:	I can't leave the train.
Inspector:	Why not?
Bernard:	It's moving.
Inspector:	Not *now,* sir. At the first station.

Bernard:	Oh.
Inspector:	It's in the book, sir. When you travel by train, you buy a ticket and if you don't buy a ticket, you –
Bernard:	Yes, yes, yes – you leave the train. O.K.
Inspector:	Here we are, sir. We're coming to a station. Please leave the train now.
Bernard:	Now?
Inspector:	Yes, sir. I'm sorry, but –
Bernard:	Oh, that's O.K.
Inspector:	Oh.
Bernard:	Yes, this is my station. Goodbye.

Wörter und Wendungen

tell [tel]	erzählen, sagen
tell me your name ['tel mi jɔ 'neim]	sagen Sie mit Ihren Namen!
move [mu:v]	(sich) bewegen, fahren
it's moving [its 'mu:viŋ]	er *(der Zug)* fährt (gerade)
it's in the book [its in ðə 'buk]	es steht im Buch, es ist vorgeschrieben *(So steht es in der Dienstvorschrift.)*

Song: It always rains on Monday.

It always *rains* on Monday,	*regnet*
It rains here every day,	
I never see much *sunshine*,	*Sonnenschein*
The sky is always *grey*,	*grau*
It always rains on Monday,	
That's why it's raining today,	
I'm going to buy a first-class ticket,	
And I'm going to *fly away*.	*wegfliegen*

I want to see a lot of sunshine,
I want to see a blue, blue sky,
We're going to have a house in the country,
It's going to be yours and mine.

It always rains on Monday,
It rains here every day,
We never see much sunshine,
The sky is always grey,
It always rains on Monday,
That's why it's raining today,
We're going to buy a first-class ticket,
And we're going to fly away.

Übungen

Beantworten Sie diese Fragen:

What's your name? . . . .

Where do you come from? . . . .

How old are you? . . . .

How many brothers and sisters have you got? . . . .

Do you speak German? . . . .

Are you writing German at the moment? . . . .

What are you doing now? . . . .

Where are you sitting? . . . .

Are you in a large room or a small room? . . . .

What time do you usually get up? . . . .

Do you smoke? . . . .

Do you work in an office? . . . .

Is this book yours? . . . .

What are you going to do this weekend? . . . .

Can you speak English? . . . .

LEKTION 38

We Were All Once Children

Was wird gelernt?

was, were **wasn't, weren't** **last week**

John: Hallo, Mary. You're here!	*John:* Hallo, Mary. Du bist hier!
Mary: Yes, of course I'm here. I was here ten minutes ago.	*Mary:* Ja, natürlich bin ich hier. Ich war schon vor zehn Minuten hier.
John: Were you? Oh, am I late?	*John:* Wirklich? Oh, komme ich zu spät?
Mary: Yes.	*Mary:* Ja.
John: Oh, I'm sorry. I was in the bus, and the bus was late.	*John:* Tut mir leid. Ich war im Bus, und der Bus hatte Verspätung.

So wird's verständlich:

In dieser Lektion wird die Vergangenheitsform (das Präteritum) eingeführt. Wenn man etwas in der Vergangenheit Geschehenes ausdrükken will, so verändert sich die Form des Zeitworts. Zunächst beschäftigen wir uns nur mit *to be*, das Ihnen schon gut bekannt ist (*I'm, You're* usw.). In der Vergangenheit folgt auf einige Fürwörter *was*, auf andere *were:*

I **He** **She** **It**	**was**	*here* *at home* *on the train*	*ten minutes ago.*
We **You** **They**	**were**		

Verneinende Formen werden wieder mit *not* gebildet *(was not, were not)*. Beim Sprechen verwendet man die Kurzformen *wasn't* und *weren't*.
Fragen werden auch hier durch Umstellung gebildet:

Was he *here ten minutes ago?*
Were you *here ten minutes ago?*

Where	**was he** **were you**	*ten minutes ago?*

Kurze Antworten mit *was* und *were* sind:
Yes, **I was.** *Yes,* **we were.** *No,* **he wasn't.** usw.
Zeitbezeichnungen, bei denen die Vergangenheitsform steht, sind zum Beispiel:

yesterday	gestern
yesterday morning	gestern morgen
yesterday afternoon	gestern nachmittag
yesterday evening	gestern abend
last night	gestern abend, gestern nacht
last week	(in der) letzte(n) Woche
last month	(im) letzten Monat
last year	im letzten Jahr, letztes Jahr

Dialog 1: It was here yesterday.

Aus Mr. und Mrs. Jacksons Haus ist ein Bild gestohlen worden. Ein Kriminalbeamter kommt, um mit ihnen zu sprechen.

Mr. Jackson: I can't understand it. It was here yesterday.
Mrs. Jackson: Yes, it was here yesterday.
Detective: Yesterday. Hmm. At what time?

Mr. Jackson: Well, yesterday evening. It was definitely here at nine o'clock.

Mrs. Jackson: At nine o'clock.

Detective: I see. And where were you after nine o'clock?

Mr. Jackson: Well, I was in bed.

Mrs. Jackson: Yes, he was in bed.

Mr. Jackson: I was very tired.

Mrs. Jackson: Yes, he was very tired.

Mr. Jackson: Ethel! I'm answering the questions. Ssh!

Mrs. Jackson: Sorry.

Detective: So *you* were in bed, Mr. Jackson.

Mr. Jackson: Yes, I was.

Mrs. Jackson: Yes, he was. Oh, sorry.

Detective: In bed. And you, Mrs. Jackson. Were you in bed?

Mrs. Jackson: No, I wasn't. I was in the kitchen.

Detective: I see. In the kitchen. And the picture, where was it exactly?

Mr. Jackson: It was here in this room.

Mrs. Jackson: Yes, it was here in this room.

Mr. Jackson: Ethel! (*To the detective*) It was on this wall.

Mrs. Jackson: Yes, it was – sorry.

Detective: I see. On the wall. This window. Was it open?

Mr. Jackson: No.

Detective:	And *this* one?
Mr. Jackson:	No, the windows were closed.
Detective:	The windows were closed.
Mr. Jackson:	Yes, we always close the windows.
Mrs. Jackson:	The windows –
Mr. Jackson:	Ethel!
Mrs. Jackson:	But Albert, the –
Mr. Jackson:	Ethel, *I*'m answering the questions!
Mrs. Jackson:	Yes, but Albert, the windows –
Mr. Jackson:	Yes, yes, the windows were closed. Well, they were closed, weren't they?
Mrs. Jackson:	No, Albert. They were open.
Mr. Jackson:	Oh no!
Detective:	The windows were open.

Wörter und Wendungen

detective [di'tektiv]	Detektiv, Kriminalbeamter	exactly [ig'zæktli]	(in) genau(er Weise)
understand [ʌndə'stænd]	verstehen	definitely ['definitli]	(in) bestimmt(er Weise)
I can't understand it [ai 'kɑːnt ʌndə'stænd it]	ich kann es nicht verstehen	after ['ɑːftə]	nach
		answer ['ɑːnsə]	(be)antworten
		wall [wɔːl]	Wand
ssh! [ʃ]	pst!	open ['əupən]	offen, geöffnet
picture ['piktʃə]	Bild	closed [kləuzd]	geschlossen, zu

Dialog 2: The windows were open.

Der Kriminalbeamte spricht immer noch mit Mr. und Mrs. Jackson.

Detective:	So, let's see. The picture was here yesterday, at nine o'clock.
Mr. Jackson:	Yes, it was.
Detective:	It was in this room.
Mrs. Jackson:	Yes.

Detective: And it was on this wall.
Mr. Jackson: Yes, it was.
Mrs. Jackson: Yes.
Detective: Mr. Jackson, you were in bed.
Mr. Jackson: Yes, I was. That's right.
Detective: And you, Mrs. Jackson, were in the kitchen.
Mrs. Jackson: Yes, I was. That's right.
Detective: *This* window was open.
Mr. Jackson: Yes.
Detective: And *this* window was open.
Mrs. Jackson: Yes.
Detective: So, the two windows were open.
Mr. Jackson: Yes, they were.
Mrs. Jackson: They were, yes.
Detective: So, let's see. The windows are very small. Was the picture heavy?
Mr. Jackson: Yes, it was.
Mrs. Jackson: Oh, it was, yes.
Detective: The picture was heavy. Fine! Thank you sir, . . . madam.
Mr. Jackson: Thank you. But can you –
Detective: Don't worry, sir. We want a very small, very strong man, carrying a picture. That's fine.
Mr. Jackson: Oh, er, thank you. What a nice policeman!
Mrs. Jackson: A nice policeman.
Mr. Jackson: Ethel!
Mrs. Jackson: Sorry.

Wörter und Wendungen

so, let's see ['səu lets 'siː]	lassen Sie mich mal überlegen
small [smɔːl]	klein
heavy ['hevi]	schwer
worry ['wʌri]	besorgt sein, sich Sorgen machen
don't worry ['dəunt 'wʌri]	machen Sie sich keine Sorgen!
strong [strɔŋ]	stark, kräftig
what a nice policeman! [wɔt ə 'nais pə'liːsmən]	was für ein netter Polizist!

Song: We were all once children.

When I was young, *my life was easy,*	*mein Leben war unbeschwert*
When I was *only* two,	*erst*
The sun was always in the sky,	
And the sky was always blue.	
When I was young, my life was easy,	
When I was only nine,	
We were happy every day,	
The weather was always fine.	*es war immer schönes Wetter*
We were all *once* children,	*einmal*
We were all once two years old,	
For all of us, there were times,	
When *the wind* was never cold.	*der Wind*
When I was young, my life was easy,	
When I was *just* thirteen,	*eben erst*
Our house was small, the walls were white,	
And the *garden* was always green.	*Garten*

We were all once children,
We were all once two years old,
For all of us, there were times,
When the wind was never cold.

Übungen

1. Beantworten Sie diese Fragen zu dem gestohlenen Bild der Jacksons:
   a) Where was the picture? . . . .
   b) Where was Mr. Jackson after 9.00? . . . .
   c) Where was Mrs. Jackson? . . . .
   Stellen Sie die Fragen Ihrem Partner.

2. Beantworten Sie die Fragen mit kurzen Antworten (*Yes, it was, No, he wasn't* usw.):

a) Was the picture on the wall? . . . .

b) Was the picture in the kitchen? . . . .

c) Was Mr. Jackson in bed after 9.00? . . . .

d) Was Mr. Jackson in the kitchen? . . . .

e) Were the windows closed? . . . .

f) Were the windows open? . . . .

Üben Sie dasselbe mit einem Partner.

3. Vervollständigen Sie diese Fragen und Antworten nach dem Beispiel:

a) *Was* Mary at home yesterday evening?
No, *she wasn't* at home. *She was* at the cinema.

b) . . . . . John at home yesterday evening?

No, ... at home. . . . . at a restaurant.

c) . . . . . Mr. and Mrs. Green in the garden yesterday evening?

No, ... in the garden. . . . . in the kitchen.

d) . . . . . you at the cinema yesterday evening?

No, I . . . . at the cinema. I . . . . at home in bed.

Üben Sie dasselbe mit einem Partner.

4. Beantworten Sie selbst die Frage:
Where were you yesterday evening?

LEKTION 39

Yesterday Was an Ordinary Day

Was wird gelernt?

come, came **did, didn't** **ago**

John: Hallo, Mary.	*John:* Hallo, Mary.
Mary: John! You're here!	*Mary:* John! Du bist hier!
John: Yes. I was here ten minutes ago.	*John:* Ja. Ich war schon vor zehn Minuten hier.
Mary: Oh! Yesterday you were late.	*Mary:* Oh! Gestern bist du zu spät gekommen.
John: Ah yes. But yesterday I came by bus. Today I didn't come by bus. I came by taxi.	*John:* Ach ja. Aber gestern kam ich mit dem Bus. Heute bin ich nicht mit dem Bus gekommen. Ich bin mit dem Taxi gekommen.

So wird's verständlich:

In Lektion 38 haben Sie am Beispiel eines Zeitworts gesehen, wie im Englischen Vergangenes ausgedrückt wird. Sie haben erfahren, daß *am* und *is* in der Vergangenheit zu *was* werden und daß *are* zu *were* wird. In dieser Lektion sollen Sie die Vergangenheitsformen einiger anderer Zeitwörter kennenlernen. Eines zu Ihrer Ermutigung vorweg: *to be* ist das einzige Zeitwort, das zwei Formen in der Vergangenheit hat: *was* und *were*. Alle anderen haben nur eine Form, die für alle Personen gilt.

Gegenwarts- und Vergangenheitsformen
von Ihnen bereits bekannten Zeitwörtern:

get	*got*	*write*	*wrote*	*read read*)* (hier wird die Vergangenheitsform zwar wie die Grundform geschrieben, die Aussprache von *ea* ist aber [e] wie in *bed, red).*
come	*came*	*go*	*went*	
buy	*bought*	*eat*	*ate*	
think	*thought*	*sit*	*sat*	
have	*had*	*stand*	*stood*	
leave	*left*	*take*	*took*	
run	*ran*	*say*	*said*	
sing	*sang*	*speak*	*spoke*	
swim	*swam*	*drive*	*drove*	
drink	*drank*	*wear*	*wore*	

Man sagt also zum Beispiel: *I often write letters* (Ich schreibe oft Briefe), aber *I wrote a letter yesterday* (Gestern schrieb ich einen Brief). Fragen, Verneinungen und Kurzantworten werden mit *did* gebildet:

	you	**write** *a letter*		*Yes,* **I did.**
Did	**he**	**read** *the newspaper*	*yesterday?*	*No,* **he didn't.**
	they	**buy** *that jacket*		*Yes,* **they did.**

Beachten Sie also bitte, daß die neue Form nur in der Bejahung vorkommt. In der Verneinung und in der Frage mit *did* steht das eigentliche Zeitwort in der Grundform! Sehen Sie sich dazu diese Beispiele an:

I **ate** *an apple, but I* **didn't eat** *a banana.*
I **drank** *some tea, but I* **didn't drink** *any coffee.*
I **went** *to the bank, but I* **didn't go** *to the post-office.*

In Verbindung mit *ago* (vor) steht immer die Vergangenheitsform, wie in dem kurzen Einführungsdialog, wo John sagte: *I was here ten minutes ago*. Dieses *ago* wird übrigens immer nachgestellt:

three days **ago**
six weeks **ago**
eight months **ago**
ten years **ago**

Dialog 1: I bought it.

Der Kriminalbeamte, der schon mit Mr. und Mrs. Jackson über deren gestohlenes Bild gesprochen hat, fährt jetzt mit seinem Kollegen auf der Suche nach dem Dieb durch die Straßen.

Detective: Ah, ha! Look, Jones. A very small, very strong man, *and* he's carrying a picture. Stop there.
Jones: O.K., sir.
Sie halten an.
Detective: Excuse me, Alfie Briggs! What are you carrying, Alfie?
Alfie: Er, a picture.
Detective: Did you buy it?
Alfie: Yes. I bought it, yesterday.

Detective: He bought it! . . . You didn't buy that picture, Alfie. Come on, into the car.
Sie steigen in den Wagen ein und fahren los.
O.K., Alfie. Where were you yesterday?

Alfie: Yesterday? I was at home.

Detective: All day?

Alfie: Yes. Well, I got up at ten o'clock.

Detective: Oh, you got up *early* yesterday.

Alfie: Yes . . . Hmm . . . I had breakfast at home, and then I left the house, and went to

Detective: Yes? Where did you go?

Alfie: I went to . . . er, yes, I went to the grocer's.

Detective: You went to the grocer's.

Alfie: Yes. I bought some bread.

Detective: Yes?

Alfie: And then I went home.

Detective: What time did you go home?

Alfie: About five o'clock.

Detective: And where were you yesterday evening?

Alfie: I went to the cinema.

Detective: Oh yes? What was the film?

Alfie: The film?

Detective: Yes, the film at the cinema. What was it?

Alfie: Oh, the *film*. Oh yes. What was it? Sorry, I can't remember. It wasn't very good.

Detective: You didn't go to the cinema, Alfie . . . O.K., Jones. The police-station.

Jones: Right.

Wörter und Wendungen

come on ['kʌm 'ɔn]	komm!, los!	remember [ri'membə]	(sich) erinnern
grocer's ['grəusəz]	Lebensmittelgeschäft	I can't remember [ai 'kɑ:nt ri'membə]	ich kann mich nicht erinnern
film [film]	Film		

Dialog 2: I didn't open any windows.

Der Kriminalbeamte ist jetzt mit Alfie auf dem Polizeirevier.

Detective: O.K., Alfie. You got up at ten o'clock, and you had breakfast.
Alfie: Yes.
Detective: You left your house, and you went to the bank.
Alfie: Yes. Er, *no*. I didn't go to the bank.
Detective: You didn't?
Alfie: No. I went to the . . . er, to the grocer's. Yes, to the grocer's. Ah, ha!
Detective: Hmm. And then you went home.
Alfie: Yes.
Detective: At six o'clock.
Alfie: No.
Detective: You didn't go home at six?
Alfie: No. I went home at five.
Detective: And in the evening you went to the cinema.
Alfie: Yes, that's right, I did.
Detective: Alfie, you didn't go to the cinema yesterday evening, did you?
Alfie: I *did*.
Detective: No, you didn't. You went to Mr. and Mrs. Jackson's house. You opened the windows, and –
Alfie: No, I didn't. I didn't open any windows.
Detective: No?
Alfie: No, of course I didn't open any windows. The windows were open, weren't they? Oh! Er, yes, I . . . um, what I –
Detective: Jones! Take Mr. Briggs away, please!
Alfie: No, I . . . yes . . . er, well, that is, I . . .

Wörter und Wendungen

take away ['teik ə'wei]	abführen, wegführen
did you?, weren't they? ['did ju, 'wɛənt ðei]	stimmt's? nicht wahr? *(Siehe Anmerkung zum 2. Dialog in Lektion 23.)*
that is [ðæt 'iz]	das heißt

Song: Yesterday was an ordinary day.

Yesterday was an *ordinary* day,	*gewöhnlich*
I got up *a little late,*	*ein bißchen spät*
I had my breakfast at eight,	
I left the house at nine,	
I didn't have much time,	
Yesterday was an ordinary day.	
You were always with me,	
I was never *alone,*	*allein*
You were always there when I came home,	
Yesterday was an ordinary day,	
But yesterday you were *far away.*	*weit weg*

Yesterday was an ordinary day,
I came home after tea,
There was a film on T.V.,
My coffee was cold,
The film was very old,
Yesterday was an ordinary day.

You were always with me,
I was never alone,
You were always there when I came home,
Yesterday was an ordinary day,
But yesterday you were far away.

Übungen

1. Setzen Sie die richtigen Zeitwörter ein. Benutzen Sie die bejahende Form der Vergangenheit:

   a) Yesterday, I . . . . at 7.30.

   b) I . . . . breakfast at 8.00.

c) I . . . . home at 9.00 in the morning.

d) I . . . . home at 6.00 in the evening.

e) I . . . . to bed at 11.00.

2. Versetzen Sie sich in die Rolle des Kriminalbeamten, der Alfie nicht glaubt. Gehen Sie dabei vor, wie im Beispiel gezeigt:
   a) I bought the picture. You didn't buy the picture, Alfie.

   b) I got up early. . . . .

   c) I had breakfast at home. . . . .

   d) I left home at nine. . . . .

   e) I went to the grocer's. . . . .

   Spielen Sie die Rollen von Alfie und dem Kriminalbeamten mit einem Partner durch.

3. Stellen Sie Fragen nach dem Beispiel der ersten:
   What time *did you* get up?

   When . . . . leave the house?

   What time . . . . go to the cinema?

   Where . . . . buy the picture?

   Why . . . . go to the grocer's?

4. Beantworten Sie die folgenden Fragen:
   What time did you have dinner yesterday?
   What time did you go to bed last night?
   What time did you get up this morning?
   What time did you have breakfast?
   Stellen Sie Ihrem Partner dieselben Fragen.

LEKTION 40

When I Worked in an Office

Was wird gelernt?

walk, walked **did, didn't** **yesterday morning**

Hans: Hallo, John. Sorry I'm late.	*Hans:* Hallo, John. Es tut mir leid, daß ich zu spät komme.
John: Hallo, Hans. Was your bus late?	*John:* Hallo, Hans. Hatte dein Bus Verspätung?
Hans: No, I didn't come by bus today. I walked.	*Hans:* Nein. Ich bin heute nicht mit dem Bus gekommen. Ich bin zu Fuß gegangen.
John: But it's three miles. Why did you walk?	*John:* Aber das sind drei Meilen. Warum bist du zu Fuß gegangen?
Hans: Because I wanted some fresh air.	*Hans:* Weil ich ein bißchen an die frische Luft wollte.

So wird's verständlich:

In Lektion 38 haben Sie die Vergangenheitsform einiger Zeitwörter geübt, zum Beispiel *came* von *come*, *went* von *go* u. a. Diese Zeitwörter werden „unregelmäßige" genannt, weil sich für die Bildung ihrer Vergangenheitsformen keine Regeln aufstellen lassen. Man muß daher diese Vergangenheitsformen ebenso als Vokabel lernen wie die Grundform.

Es gibt im Englischen jedoch eine große Zahl von Zeitwörtern, deren Vergangenheitsform ganz „regelmäßig" durch Anhängen von *-ed* an die Grundform gebildet wird. Man nennt sie daher auch „regelmäßige" Zeitwörter. Dazu gehören von den Ihnen bereits bekannten:

walk	*walk***ed**	*ask*	*ask***ed**	*play*	*play***ed**
type	*type***d**	*open*	*open***ed**	*carry*	*carr***ied**
work	*work***ed**	*close*	*close***d**	*travel*	*travel***led**
smoke	*smoke***d**	*listen*	*listen***ed**	*count*	*count***ed**
book	*book***ed**	*follow*	*follow***ed**	*want*	*want***ed**

Dabei sind einige Besonderheiten zu beachten, die Ihnen sicher schon aufgefallen sind:
carry endet auf *-y* mit einem Mitlaut davor. Ein solches *-y* nach einem Mitlaut wird beim Anhängen von *-ed* zu *-i*.
Beachten Sie auch, daß das *-l* in *travel* vor *-ed* verdoppelt wird.
Bei Wörtern, deren Grundform auf ein stummes *-e* endet (*type, smoke, close*) wird in der Vergangenheit nur ein *-d* angehängt: *typed, smoked, closed*.
Die Form der Vergangenheit ist für alle Personen gleich (im Gegensatz zur Gegenwartsform!). Sie wird nur in bejahenden Sätzen gebraucht. Fragen, Verneinungen und Kurzantworten werden mit *did* gebildet:

Did	**you open** *the door*	*yesterday?*	*Yes,* **I did.**
	she type *the letters*		*No,* **she didn't.**
	they count *the money*		*Yes,* **they did.**

I **opened** *the door, but I* **didn't open** *the window.*
I **carried** *the box, but I* **didn't carry** *the bag.*
I **wanted** *some tea, but I* **didn't want** *any sugar.*

Die Vergangenheitsform drückt entweder eine einmalige in der Vergangenheit abgeschlossene Handlung aus (*I closed the door* „Ich schloß die Tür") oder eine Gewohnheit, die man in der Vergangenheit hatte (*I ate an apple every day* „Ich aß jeden Tag einen Apfel").

Dialog 1: Last night I closed my door.

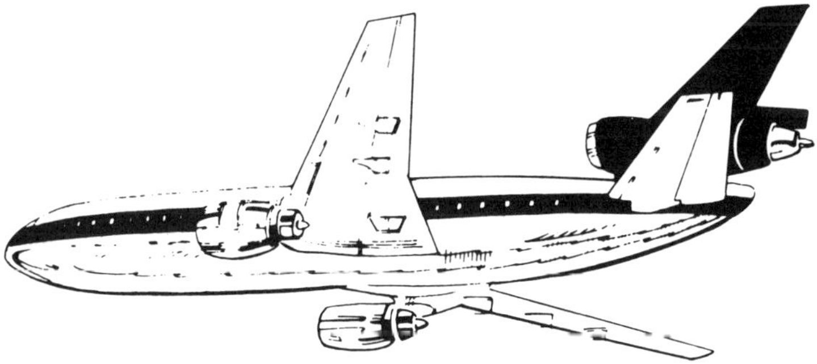

Norman hat seinen Bürojob in London aufgegeben und fliegt in die Sahara. Im Flugzeug spricht er mit der Dame, die neben ihm sitzt.

Norman: . . . used to work in the city. Cities! Ugh!
Lady: You work in London, do you?
Norman: Well, yesterday I worked in London. The day before yesterday I worked in London. But I don't work there any more.
Lady: Oh?
Norman: Mmm. I worked in an office, you know.
Lady: Did you?
Norman: Yes. I typed letters. I counted money. Do you know, I travelled to the office by bus every day. I carried my black bag. I walked into the office at nine o'clock, and I walked out of the office at five o'clock.
Lady: Really?
Norman: Yes. And cigarettes! Cigarettes! Well, I smoked fifty cigarettes a day. Every day I smoked fifty cigarettes.
Lady: Terrible.
Norman: Yes. But not any more.
Lady: No?
Norman: Oh, no. I left yesterday.
Lady: Did you?
Norman: Yes. Yesterday morning at ten o'clock, I walked out of the office. Yesterday afternoon I counted my money. I had £200. So, yesterday evening I booked a first-class ticket, and last night I closed my door. And here I am.

Lady: Hmm, –

Norman: Oh, yes. I walked out of that office yesterday morning, and I'm never going to work there again. Fifty cigarettes a day . . . my black bag . . . Oh, dear, dear, dear. Offices! Ugh! . . . Do you work in an office?

Die Dame neben ihm ist eingeschlafen.

Norman: No? Oh, well, that's good, because offices are terrible. I can say that, because I worked in one. Oh, dear, dear, dear. They're terrible . . .

Wörter und Wendungen

ugh! [uh, ə:h]	hu! äh! *(drückt Widerwillen aus)*	do you know [du ju 'nəu]	stellen Sie sich vor!
the day before yesterday [ðə 'dei bi'fɔ: 'jestədi]	vorgestern	into ['intu, 'intə]	in (hinein)
		out of ['aut əv]	aus (heraus)
		really? ['riəli]	wirklich?
not any more ['nɔt 'eni 'mɔ:]	nicht mehr	terrible ['terəbl]	schrecklich
		here I am ['hiər ai 'æm]	hier bin ich (nun)
you know [ju 'nəu]	Sie wissen (schon), wissen Sie		

Dialog 2: I smoked fifty cigarettes every day.

Norman spricht jetzt im Flugzeug mit der Stewardeß.

Stewardess: Tea, sir?

Norman: Oh, no, thank you.

Stewardess: Coffee?

Norman: Yes, please. When I worked in an office, we had tea every day. Tea, tea, tea. Ugh!

Sie gibt ihm seinen Kaffee.

Stewardess: Coffee, here you are, sir.

Norman: Oh, thank you. I worked in an office, you know.

Stewardess: Really, sir? . . . Tea, madam?

Norman: Yes. I worked in an office. Nine till five, every day. I travelled by bus every morning. I carried my black bag. Oh dear, dear, dear. And, do you know, I smoked fifty cigarettes a day.

Stewardess: Really, sir? . . . Tea, madam?

Norman: Yes. Fifty every day. But not any more. I left yesterday.

Stewardess: Oh, good.

Norman: Yes. I walked out of the office. I booked my ticket. I closed my door. And here I am.

Stewardess: Yes, sir.

Norman: No more offices. No more cigarettes. No more cities. I'm going to the Sahara desert, you know.

Stewardess: Really, sir. Via New York?

Norman: New York?

Stewardess: Yes. We're going to New York.

Norman: New York! Oh, no! . . . New York . . . I was in New York ten years ago. I worked in an office, you know, travelled by train every morning, smoked sixty cigarettes . . .

Wörter und Wendungen

stewardess ['stjuədis]	Stewardeß	desert ['dezət]	Wüste
no more offices ['nəu mɔː 'ɔfisiz]	keine Büros mehr	the Sahara desert [ðə sə'hɑːrə 'dezət]	die (Wüste) Sahara
cities ['sitiz]	Städte *(Einzahl: "city"; beachten Sie die Schreibung)*	via New York ['vaiə 'njuː 'jɔːk]	*(auf dem Weg)* über New York

Song: When I worked in an office

When I worked in an office,	
I didn't have much *fun,*	*Spaß*
I smoked fifty cigarettes every day,	
I counted *every one.*	*jede*

I carried a small black bag,
I travelled to work by train,
But yesterday I left my *job*, — *Job, Arbeit*
And I'm not going back again.

When I worked in an office,
I went to work at nine,
I went back home at five o'clock,
I was tired *all the time*. — *die ganze Zeit über, ständig*

I counted a lot of money,
I always had tea at four,
But yesterday I booked my ticket,
And I'm not going back any more.
I left my job, and I booked my ticket,
And I'm not going back any more.

Übungen

1. Setzen Sie die richtigen Zeitwörter in der Vergangenheit in diese bejahenden Sätze über Norman ein:

   a) Norman . . . . in an office.

   b) He . . . . letters, and he . . . . money.

   c) He . . . . to the office by bus.

   d) He . . . . a black bag.

   e) He . . . . into the office at nine o'clock.

   f) He . . . . fifty cigarettes a day.

2. Bilden Sie Fragen und Antworten nach folgendem Beispiel:
   a) *When did he* walk out of his office? *Yesterday morning.*

   b) . . . . count his money? . . . .

c) .... book his ticket? ....

d) .... close his door? ....
Üben Sie dasselbe mit einem Partner.

3. Geben Sie auf folgende Fragen kurze Antworten *(Yes, he did* oder *No, he didn't)*:
   a) Did he work in a cinema? ....

   b) Did he travel to work by bus? ....

   c) Did he book a second-class ticket? ....

   d) Did he type letters? ....
   Üben Sie dasselbe mit einem Partner.

LEKTION 41

Stop Worrying

Was wird gelernt?

like/love/hate -ing too much/too many not enough

Mary: John, you smoke too many cigarettes –
John: But I like smoking cigarettes.
Mary: And you drink too much coffee –
John: Nonsense! I love drinking coffee.
Mary: *And* you don't take enough exercise.
Hans: John! Mary! Stop arguing!

Mary: John, du rauchst zu viele Zigaretten –
John: Aber ich rauche gern Zigaretten.
Mary: Und du trinkst zu viel Kaffee.
John: Unsinn! Ich trinke gern Kaffee –
Mary: *Und* du hast nicht genug Bewegung.
Hans: John! Mary! Hört auf, euch zu streiten!

So wird's verständlich:

-ing: In Lektion 27, 28 und 33 ist Ihnen die *-ing*-Form begegnet. Sie wurde dort zur Bildung der Gegenwartsform gebraucht, die ausdrückt, was gerade geschieht (Verlaufsform).
In dieser Lektion lernen Sie einen weiteren Gebrauch der *-ing*-Form kennen. Es gibt im Englischen eine Reihe von Zeitwörtern, auf die ein Zeitwort grundsätzlich in der *-ing*-Form folgt. Hier sind sechs davon zusammengestellt:

like	gern mögen/tun	*hate*	hassen, nicht mögen	*start*	anfangen (mit)
love	lieben, sehr gern mögen/tun	*stop*	aufhören (mit)	*finish*	beenden

Und hier sind ein paar Beispiele für die Anwendung:

I **like smoking.**	**Stop arguing!**
I **love drinking** *coffee.*	**Start thinking** *about the lesson!*
I **hate taking** *exercise.*	*Hurry up and* **finish shaving!**

too much/too many: In Lektion 35 begegneten Ihnen die beiden Wörter *much* und *many* in verneinenden Sätzen und Fragen wie *I haven't got much money* und *How many brothers have you got?* Sie erinnern sich auch, daß *much* in Verbindung mit unzählbaren, *many* in Verbindung mit zählbaren Begriffen in der Mehrzahl gebraucht wird. Sie kommen auch in den Ausdrücken *too much* (zu viel) und *too many* (zu viele) vor:

You drink **too much** *coffee.*
You smoke **too many** *cigarettes.*

not enough: „nicht genug" ist das Gegenteil von *too much/too many:*

*You do***n't** *take* **enough** *exercise.*
*You do***n't** *drink* **enough** *milk.*
*You do***n't** *get* **enough** *sleep.*

Dialog 1: Stop making that noise!

Während Peter sich rasiert, hat er eine Auseinandersetzung mit seiner Frau Karen:

Karen: Stop making that noise!
Peter: What noise?
Karen: That terrible noise.
Peter: I'm not making a noise. I'm singing.
Karen: Stop that singing. I hear too much singing.
Peter: What's wrong with singing? I like singing.
Karen: And I don't like listening to you.
Peter: Well, stop listening!
Karen: Anyway, hurry up and finish shaving. Mr. Jones will be here soon.
Peter: What did you say?
Karen: Mr. Jones will be here.

Peter: Who?
Karen: Mr. Jones. You want to talk to him.
Peter: I hate talking to Mr. Jones.
Karen: But he's very rich. Perhaps he'll lend you the money.
Peter: Stop worrying about the money. You worry too much.
Karen: I hate borrowing money.
Peter: You're not borrowing the money. *I'm* borrowing it.
Karen: Why do you want the money, anyway?
Peter: Stop asking questions. You ask too many questions.
Karen: And you finish shaving!
Peter: Oh, all right.
Peter fängt wieder an zu singen.
Karen: Stop making that noise!

Wörter und Wendungen

make [meik]	machen
noise [nɔiz]	Lärm, Geräusch
stop making that noise! ['stɔp 'meikiŋ ðət 'nɔiz]	hör auf, solchen Lärm zu machen!
hear [hiə]	hören
what's wrong with ...? [wɔts 'rɔŋ wið]	was gibt es an ... auszusetzen?
anyway ['eniwei]	jedenfalls
hurry up ['hʌri 'ʌp]	beeil dich!
shave [ʃeiv]	(sich) rasieren
will be here soon [wil bi 'hiə 'su:n]	wird gleich hier sein
what did you say? ['wɔt did ju 'sei]	was sagtest du?
talk to ['tɔ:k tə]	sprechen mit
rich [ritʃ]	reich
lend [lend]	leihen
worry (about) ['wʌri (ə'baut)]	sich sorgen (um)
borrow ['bɔrəu]	(ent)leihen

Dialog 2: I hate waiting.

Peter rasiert sich und singt dabei. Es klingelt an der Tür.

Karen: Hurry up, Peter!
Peter: What did you say?
Karen: Hurry up and finish shaving. It's Mr. Jones. *(To Mr. Jones)* I'll hang your coat up here, Mr. Jones. Do sit down, Mr. Jones. My husband will be here in a moment.

Mr. Jones: I hate waiting.

Karen: Ah. Here he is now.

Peter: Hallo, Mr. Jones.

Mr. Jones: How are you?

Peter: I'm very well. You're a very rich man, Mr. Jones. Is that true?

Mr. Jones: Yes, that's true.

Peter: Good. I want to borrow some money.

Mr. Jones: I hate lending money.

Karen: And I hate borrowing money.

Peter: Stop worrying, Karen. Mr. Jones will get his money back. Stop worrying, Mr. Jones. You'll get your money back.

Mr. Jones: Why do you want this money?

Peter: I'm going to make a record.

Karen: A record. Oh, no!

Peter: Yes. I'm a great singer. Everyone will buy my record. Listen. *Peter fängt an zu singen. Es klingt jämmerlich.*

Karen: Stop singing! Stop that noise!

Mr. Jones: I hate listening to records.

Karen: Stop singing!

Mr. Jones: Where's my coat?

Karen: Come back, Mr. Jones! Stop singing, Peter! Mr. Jones, come back!

Wörter und Wendungen

it's Mr. Jones [its 'mistə 'dʒəunz]	es ist Mr. Jones
hang up ['hæŋ 'ʌp]	aufhängen
I'll hang your coat up [ail 'hæŋ jɔə 'kəut 'ʌp]	ich hänge Ihren Mantel auf
do sit down ['du: sit 'daun]	setzen Sie sich doch
husband ['hʌzbənd]	(Ehe)Mann
in a moment [in ə 'məumənt]	gleich, in einer Sekunde
true [tru:]	wahr
a record [ə 'rekɔ:d]	eine Schallplatte
make a record ['meik ə 'rekɔ:d]	eine Schallplatte machen
a great singer [ə 'greit 'siŋə]	ein großer Sänger
everyone ['evriwʌn]	jeder, -e, -es
will get his money back [wil 'get hiz 'mʌni 'bæk]	bekommt sein Geld zurück

Song: Stop worrying.

Stop worrying about tomorrow,	
Start thinking about today,	
Think of *something you like doing,*	*etwas, was du gern tust,*
And your troubles will fly away.	*und deine Sorgen sind verflogen.*
I like singing happy songs,	
I like playing my guitar,	
She likes walking in the rain,	
He likes looking at the *stars.*	*Sterne*
Start thinking about *the present,*	*die Gegenwart*
Forget about yesterday,	*vergiß*
Think of something you like doing,	
And your troubles will fly away,	
Will fly, will fly, will fly away.	

Übungen

1. Schauen Sie sich die beiden Dialoge noch einmal an und beantworten Sie dann die Fragen dazu.

   a) What does Peter like doing? . . . .

   b) Who does Peter hate talking to? . . . .

   c) What does Karen hate doing? . . . .

   d) What does Mr. Jones hate doing? . . . .

   and . . . . and . . . .

Üben Sie dasselbe mit einem Partner.

2. Setzen Sie *too much* oder *too many* ein:

a) I can never sleep. Perhaps I drink .... coffee.

b) Karen asks .... questions.

c) I can't drink this tea. There's .... sugar in it.

d) Stop worrying. You worry ....

3. Beantworten Sie die Fragen mit kurzen Antworten *(Yes, I do* oder *No, I don't):*

Do you like singing? ....

Do you like walking in the rain? ....

Do you like reading? ....

Do you like watching T.V.? ....

Do you like listening to the radio? ....

Do you like speaking English? ....

LEKTION 42

Is There Anything I Can Do?

Was wird gelernt?

someone, something **there's** **anyone, anything**

Mary:	John! John! Over there!	*Mary:*	John! John! Da drüben!
John:	What?	*John:*	Was?
Mary:	Listen! In that cupboard.	*Mary:*	Hör doch! In dem Schrank da.
John:	I can't hear anything.	*John:*	Ich kann nichts hören.
Mary:	Listen! There's someone in the cupboard.	*Mary:*	Horch! Da ist jemand im Schrank.
Peter:	Yes, it's me. I'm locked in!	*Peter:*	Ja, ich bin's. Ich bin eingeschlossen!

So wird's verständlich:

there's . . .: Sie erinnern sich, daß Ihnen das Wort *there* bereits öfter begegnet ist, und Sie wissen, daß es auf zweierlei Weise verwendet wird:

1. Als Umstandswort (Adverb) mit der Bedeutung „da", „dort" oder „dahin", „dorthin":

It's a nice restaurant.	Es ist ein nettes Restaurant.
I often eat there.	Ich esse oft dort.
Please put it there.	Stelle es bitte dorthin.
Over there!	Dort drüben!

2. Als Einleitung zu einem Satz, mit dem Sie sagen wollen, daß jemand oder etwas an einem bestimmten Ort ist. So gebraucht, wird *there's* auch häufig mit „es gibt", „es ist vorhanden" übersetzt:

There's a book on the floor.	Da liegt ein Buch auf dem Fußboden.
There's a policeman at the door.	Ein Polizist ist an der Tür.
There's someone in the cupboard.	Es ist jemand im Schrank.

someone: In Lektion 25 haben Sie die Wörter *some* und *any* geübt und gesehen, daß *some* in bejahenden Sätzen, *any* in verneinenden und fragenden Sätzen gebraucht wird. Dasselbe gilt für die Zusammensetzungen wie *someone* „(irgend) jemand" und *something* „(irgend) etwas". Man sagt also in bejahenden Sätzen:

There's **someone** *at the door.*
There's **something** *under the table.*

Aber in verneinenden und fragenden Sätzen heißt es:

I can't see **anyone.**
I can't see **anything.**

Can you see **anyone?**
Can you see **anything?**

Dialog 1: There's someone at the door.

Es ist früh am Morgen. Peter und seine Frau Karen liegen noch im Bett.

Karen: Peter, wake up! Wake up!
Peter: What's wrong?
Karen: I heard a noise. There's someone at the door. Listen!

Peter: Nonsense! There isn't anyone at the door. Stop shouting and go to sleep.

Karen: But I heard something. What time is it?

Peter: It's half past six. It's very early. Now go to sleep.

Etwas später.

Karen: Peter, wake up! Wake up!

Peter: Now, what's wrong?

Karen: I heard a noise. There's something in the house. Listen!

Peter: Nonsense. There isn't anything in the house. Go to sleep.

Karen: But I heard something. What time is it?

Peter: It's very early in the morning. Go to sleep.

Etwas später.

Karen: Peter, wake up! There's something in the cupboard. Listen!

Peter: Stop shouting and go to sleep.

Etwas später.

Karen: Peter! Peter, wake up!

Peter: Stop shouting, Karen. What's wrong now?

Karen: I heard a noise. Listen!

Man hört ein merkwürdiges Geräusch.

Wörter und Wendungen

heard [hə:d]	hörte *(Vergangenheit zu "hear")*	shout [ʃaut]	schreien, laut sprechen *(Vergangenheit: "shouted")*
what's wrong? ['wɔts 'rɔŋ]	was ist los?		

Dialog 2: There's a man at the window.

Jetzt haben alle beide das Geräusch gehört.

Karen: I heard a noise, Peter. Listen!
Peter: There's something in the cupboard.
Karen: No, there isn't. Listen. There's something under the bed.
Peter: No, there isn't anything under the bed. Listen. There's someone at the window.
Karen: Someone at the window? Go and look.
Peter: All right.
Peter geht ans Fenster.
Karen: What is it, Peter?
Peter: There's a man at the window.
Karen: A man at the window? What does he want?
Peter: *(To the man)* What do you want?
Man: I'm the window cleaner.
Peter: The window cleaner?
Karen: The window cleaner! What time is it?
Man: It's ten o'clock in the morning, and I'm cleaning the windows.
Karen: Ten o'clock! Look at the clock, Peter.
Peter: Half past six!
Karen: The clock's stopped.
Peter: Oh dear
Karen: We've overslept.

Wörter und Wendungen

the clock's stopped [ðə 'klɔks 'stɔpt]	die Uhr ist stehengeblieben	window cleaner ['windəukli:nə]	Fensterputzer
we've overslept [wi:v 'əuvə'slept]	wir haben (die Zeit) verschlafen *(von "oversleep")*	under ['ʌndə]	unter
		clean [kli:n]	säubern, putzen *(Vergangenheit: "cleaned")*

Song: Is there anything I can do?

Is there anything you want from me?	*Möchtest du irgend etwas von mir?*
Is there anything I can do?	
Yes, there's something *you can do*, dear,	*was du tun kannst*
There's something you can do.	
There isn't anything I won't do, dear,	*Es gibt nichts, was ich nicht tun würde, Liebling*
There isn't anything I won't do.	
There's something in the kitchen,	
There's something there for you.	
There's something in the kitchen,	
There's something there for me.	
Yes, there's something in the kitchen.	
Why don't you go and see?	*Warum gehst du nicht nachsehen?*
There's something in the kitchen,	
There's something I can do.	
There's *a pile of dirty dishes,*	*ein Haufen schmutziges Geschirr*
Waiting there for you.	

Übungen

1. Bilden Sie nach dem Beispiel verneinende Sätze, in denen *anyone* oder *anything* vorkommt:

   a) The box is empty. There isn't anything in the box.

   b) The bag is empty. . . . .

   c) The street is empty. . . . .

d) The hotel is empty. . . . .

e) The case is empty. . . . .

f) The restaurant is empty. . . . .

2. Setzen Sie *someone* oder *anyone* ein:

a) There's . . . . at the door.

b) Did you see . . . . in the hotel?

c) There isn't . . . . in the office.

d) I can see . . . . at the window.

e) We didn't speak to . . . .

LEKTION 43

It's the Postman

Was wird gelernt?

there's . . ./it's . . .

Mary: John, there's a man at the door.	*Mary:* John, ein Mann ist an der Tür.
John: Who is it?	*John:* Wer ist es?
Mary: It's the postman.	*Mary:* Es ist der Briefträger.
John: Is there anything for us?	*John:* Ist etwas für uns dabei?

Mary:	There isn't anything for you, but there's a letter for Hans.	*Mary:*	Es ist nichts für dich dabei, aber ein Brief für Hans ist da.
John:	Hans! There's a letter for you.	*John:*	Hans! Hier ist ein Brief für dich.

So wird's verständlich:

Will man deutsches „. . . ist da" auf Englisch wiedergeben, so beginnt man den Satz, wenn einem der Betreffende unbekannt ist, mit *there's*, dem der unbestimmte Artikel *a*(*n*) und eine Ortsbestimmung folgt: *There's a man at the door.*
Ist die Person jedoch dem Sprechenden bekannt, so beginnt der Satz mit *it's*, dem der bestimmte Artikel folgen kann: *It's the postman.* Der Satz zeigt, daß der Sprechende den Briefträger erkannt hat, der auch sonst immer die Post austrägt. Benutzt man dagegen den unbestimmten Artikel, so ist die Person dem Sprechenden unbekannt. Ein Beispiel: *Who is it? – It's a policeman.* Der Sprechende zeigt mit seiner Antwort, daß er den Polizisten zwar sieht, ihn aber nicht kennt. Sätze, die mit *It's a* . . . oder *It's the* . . . beginnen, können keine Umstandsbestimmung des Ortes haben.

Dialog 1: It's the laundryman.

Peter und seine Frau Karen machen sich zurecht, um zum Essen auszugehen.

Peter: Karen, we must hurry. It's late.
Karen: What time is it?
Peter: It's half past three.
Karen: Oh, dear. We must hurry.
Es läutet an der Tür.
Karen: Oh, dear. There's someone at the door.
Peter: You hurry and get ready. I'll see who it is.
Peter öffnet die Tür.

Karen: Who is it, Peter?
Peter: It's the laundryman.
Karen: Tell him to come in.
Peter: Come in.
Karen: The laundry's in the cellar.
Peter: The laundry's in the cellar.
Karen: Where's my hat? I must hurry.
Es klingelt wieder.
Peter: It's the man from the electricity board.
Karen: Tell him to come in.
Peter: Come in.
Karen: The electricity meter's in the cellar.
Peter: The electricity meter's in the cellar.
Karen: Where's my coat? I must hurry.
Es klingelt schon wieder.
Peter: It's the man from the gas board.
Karen: The gas meter's in the cellar.
Peter: Come in. The gas meter's in the cellar.

Wörter und Wendungen

must [mʌst, məst]	muß(t), müssen, müßt
we must hurry [wi məst 'hʌri]	wir müssen uns beeilen
get ready ['get 'redi]	mach dich fertig
I'll see who it is [ail 'si: hu it 'iz]	ich werde mal sehen, wer es ist
laundry ['lɔ:ndri]	Wäscherei
laundryman ['lɔ:ndrimən]	(der) Mann von der Wäscherei
tell him to . . . ['tel him tə]	sag ihm, er soll . . .
cellar ['selə]	Keller
hat [hæt]	Hut

electricity [ilek'trisiti]	Elektrizität
electricity board [ilek'trisiti 'bɔ:d]	Elektrizitätsbehörde *(In England ist die Elektrizität verstaatlicht)*
man from the electricity board ['mæn frəm ði ilek'trisiti 'bɔ:d]	*(etwa:)* Mann vom Elektrizitätswerk, Stromableser
meter ['mi:tə]	Zähler
gas [gæs]	Gas
man from the gas board ['mæn frəm ðə 'gæs 'bɔ:d]	Gasmann

Dialog 2: There's a furniture van at the door.

Peter und Karen fahren ihre Freunde besuchen.

Karen: What's the time?
Peter: Half past four.
Karen: We're late, Peter. Hurry!
Peter: Wait a moment.
Karen: What's wrong?
Peter: I've forgotten my wallet.
Karen: Oh dear!
Peter: We must go back.
Sie wenden und fahren zurück.
Karen: We're nearly there now.
Peter: Look!
Karen: What?
Peter: At the door. There's a furniture van at the door.
Karen: There's a man carrying something into the van.
Peter: Yes. It's the man from the electricity board.
Karen: And there's another man –
Peter: Yes. It's the man from the gas board.
Karen: And there's another man –
Peter: Yes. It's the laundryman!
Karen: But it isn't the man from the electricity board.
Peter: Oh no!
Karen: And it isn't the man from the gas board. And it isn't the laundryman.
Peter: It's a gang of thieves!
Karen: Quick! The police! Get the police!

Wörter und Wendungen

wallet ['wɔlit]	Brieftasche
forget [fɔ'get]	vergessen
I've forgotten [aiv fə'gɔtn]	ich habe vergessen
nearly ['niəli]	fast, beinahe
we're nearly there [wiə 'niəli 'ðɛə]	wir sind gleich da
furniture ['fə:nitʃə]	Möbel

furniture van ['fə:nitʃə 'væn]	Möbelwagen	thieves [θi:vz]	Diebe *(Einzahl: "thief")*
another man [ə'nʌðə 'mæn]	noch ein Mann	get the police ['get ðə pə'li:s]	hol die Polizei
gang [gæŋ]	Bande		

Song: It's the postman.

There's a man *I'm waiting for,*	*auf den ich warte*
There's a man I want to see.	
Who is it? Who is it? Who can it be?	
It's the *postman,* it's the postman,	*Briefträger*
He's the man I want to see,	
'Cos I'm waiting for the letter,	*weil* (saloppe Form von "because")
That he's bringing straight to me.	*den er direkt zu mir bringt*
There's a man I'm waiting for,	
There's a man I want to see.	
Who is it? Who is it? Who can it be?	
It's the milkman, it's the milkman,	
He's the man I want to see,	
'Cos I'm waiting for some milk,	
For *my morning cup of tea.*	*meine Tasse Tee am Morgen*
The milkman and the postman,	
They're the men we want to see,	
For my letter –	
And the milk for our morning cup of tea.	

Übungen

1. Setzen Sie *there* oder *it* in diese Sätze ein:

   a) The house was empty. . . . . wasn't anyone at home.

   b) Take your coat, because . . . . is cold today.

c) What time is . . . . . ? . . . . is seven o'clock.

d) Is . . . . anything you want?

2. Setzen Sie *there* oder *it* in diesen Dialog ein:

a) *Mr. X:* Good morning, Miss Smith. Are . . . . . any letters today?

b) *Miss Smith:* Yes. . . . . are five letters, and . . . . is one postcard.

Mr. X: Thank you.

c) *Miss Smith:* Oh and . . . . is someone in your office.

d) *Mr. X:* Who is . . . . ?

e) *Miss Smith:* Well, ... is a policeman, but I don't know his name.

f) *Mr. X:* O.K. Is . . . . half past nine?

g) *Miss Smith:* Nearly. . . . . is twenty-five past.

LEKTION 44

They Went Far Away

Was wird gelernt?

came, walked Did you . . .?
me - you - him - her - it - us - them

Mary:	John!	*Mary:*	John!
John:	Yes? What is it?	*John:*	Ja? Was ist los?
Mary:	There was a man here a few moments ago.	*Mary:*	Da war eben ein Mann hier.
John:	What did he want?	*John:*	Was wollte er?
Mary:	Well, he came in, he left a parcel on the table and then he went out.	*Mary:*	Nun, er kam herein, ließ ein Paket auf dem Tisch und ging dann wieder hinaus.
John:	Oh!	*John:*	Oh!

So wird's verständlich:

In der nächsten Lektion werden Sie eine weitere Möglichkeit kennenlernen, Vergangenes im Englischen auszudrücken. Vorher wollen wir hier noch einmal die einfache Vergangenheitsform üben, die Ihnen aus Lektion 39 und 40 bekannt ist: *I bought it yesterday.* – *Last night I closed my door.* usw. Sehen Sie sich dazu bitte noch einmal die Erläuterungen zu den beiden Lektionen an. Zusammenfassend läßt sich folgendes über diese Zeitform sagen:

1. Die einfache Vergangenheitsform bezieht sich auf ein einmaliges Geschehen zu einem bestimmten Zeitpunkt der Vergangenheit oder auf eine in der Vergangenheit liegende Gewohnheit.
2. Sie ist in allen Personen gleich.
3. Man unterscheidet zwei Gruppen von Zeitwörtern:
   – „regelmäßige", die ihre Vergangenheitsform durch Anhängen von *-ed* bilden: *want – wanted*;
   – „unregelmäßige", deren Vergangenheitsform keiner für alle Zeitwörter dieser Gruppe gültigen Regel unterliegt: *leave – left, go – went.*

4. Fragen, Verneinungen und Kurzantworten werden mit *did* gebildet.
5. Häufig steht die Vergangenheitsform in Verbindung mit Zeitangaben, die in die Vergangenheit weisen, wie: *yesterday, last week, last month, last year, ten minutes ago, in 1964* usw.

me/them: Mehrmals haben Sie schon Beispiele dafür gesehen, wie sich Fürwörter verändern, wenn sie hinter dem Zeitwort stehen, zum Beispiel:

	They *want coffee.*	Sie möchten Kaffee.
I see	**them** *every day.*	Ich sehe sie täglich.

Das Fürwort, das vor dem Zeitwort steht (*they*), ist Satzgegenstand (Subjekt), dasjenige, das danach steht (*them*), ist Satzergänzung (Objekt). In der nachstehenden Tabelle sind jeweils beide Formen des Fürworts angegeben:

I – **me**	*she* – **her**	*they* – **them**	Bei *you* und
you – **you**	*it* – **it**		*it* sind also
he – **him**	*we* – **us**	Subjekt- und Objektform gleich.	

Dialog 1: I locked it.

Karen kommt mit Peter, ihrem Mann, gerade aus dem Kino.

Karen: I enjoyed that film.
Peter: Yes, I enjoyed it, too.
Karen: But Peter, I'm worried.
Peter: Worried?
Karen: Yes, I'm worried about the house.
Peter: Oh, stop worrying about the house. Let's go and have a coffee.
Karen: Yes, I'd like a cup of coffee, but you know –
Peter: What's wrong now?
Karen: The house. Did you close the door?

Peter: Of course I closed the door. Come on!
Karen: And did you lock it?
Peter: Of course I locked it. Come on.
Karen: Peter.
Peter: Yes?
Karen: The windows?
Peter: What about the windows?
Karen: Did you close them?
Peter: Of course I closed them. *And* I closed the door, and I locked it.
Karen: I'm still worried.
Peter: Stop worrying about the house. Let's go and find a café.
Karen: Oh, all right. If you're sure you locked the house, that is.

Wörter und Wendungen

enjoy [in'dʒɔi]	genießen	let's go [lets 'gəu]	gehen wir! komm(t)!
I enjoyed that film [ai in'dʒɔid ðæt 'film]	der Film hat mir gefallen	I'd like [aid 'laik]	ich würde gern *(Kurzform von "I would like")*
be worried [bi 'wʌrid]	sich Sorgen machen	come on ['kʌm 'ɔn]	komm mit! na, komm schon!

lock [lɔk]	zuschließen	sure [ʃuə]	sicher
still [stil]	immer noch	if..., that is [if... ðət 'iz]	aber nur, wenn *(du auch ganz sicher bist, daß du das Haus zugeschlossen hast)*
find [faind]	finden, suchen		
oh, all right ['əu ɔ:l 'rait]	oh, gut; in Ordnung		

Dialog 2: I left the keys in the lock.

Peter und Karen sind in einem Café.

Karen: How much were the coffees?
Peter: Ten pence each. That's twenty pence. Where's the money?
Karen: In my handbag. I'll get it. How much did you say?
Peter: Twenty pence.
Karen: Peter!
Peter: Yes.
Karen: The keys!
Peter: What about the keys?
Karen: They aren't in my handbag.
Peter: Nonsense! I put them in your handbag.
Karen: When?
Peter: I put them in your handbag before I left the house.
Karen: But they aren't in my handbag.
Peter: They *must* be. Let's see. I closed the windows.
Karen: Yes.
Peter: I closed the door.
Karen: Yes.
Peter: I locked the door.
Karen: Yes?
Peter: Then I ...
Karen: Yes?
Peter: Oh no!
Karen: What's wrong?
Peter: I locked the door.
Karen: Yes?
Peter: And I left the keys in the lock!

Karen: You left the keys in the lock! Oh, no!
Peter: Come on! Let's go!
Karen: But our coffee –
Peter: Never mind our coffee. I left the keys in the door.

Wörter und Wendungen

coffee ['kɔfi]	Kaffee *("coffee" ist eigentlich unzählbar. In der Bedeutung von „eine Tasse Kaffee" wird es jedoch zählbar. Man könnte also sagen: "Two coffees and three teas, please." „Zwei Kaffee und drei Tee, bitte.")*
each [i:tʃ]	jeder, -e, -es; je
10p each ['ten pens 'i:tʃ]	je 10p
handbag ['hændbæg]	Handtasche
I'll get it [ail 'get it]	ich hol's (raus)
key [ki:]	Schlüssel
what about the keys? ['wɔt ə'baut ðə 'ki:z]	was ist mit den Schlüsseln los?
put [put]	tun; getan
before [bi'fɔ:]	bevor
they *must* be in the lock [ðei 'mʌst bi: in ðə 'lɔk]	sie *müssen* aber im Schloß sein
never mind our coffee ['nevə 'maind auə 'kɔfi]	kümmere dich nicht um unsern Kaffee, laß jetzt den Kaffee Kaffee sein

Song: They went far away.

I left my house,	
And I walked down the street,	
To the house *on the corner,*	*an der Ecke*
'Cos I wanted to meet	
My friend, *Sweet* Sue.	*Süße, Liebling*
He opened the door,	
He came into the room,	
And *straightaway* he said:	*sofort*
"*Will you marry me,* Sue?	*willst du mich heiraten?*
Please do, Sweet Sue".	*bitte (tu's)*

So they left the house,
And they went far away,
To *a new life together,* — *ein neues Leben zusammen (miteinander)*
And together they will stay,
Big Bill and his friend Sweet Sue.

Übungen

1. Beantworten Sie die Fragen wie im Beispiel und benutzen Sie dabei die „Objekt"-Fürwörter *him, them, it* usw.:
   a) Did you lock the door? The door? Of course I locked it.

   b) Did you buy the bread? . . . .

   c) Have you got the money? . . . .

   d) Do you want the books? . . . .

   e) Do you know Mr. Smith? . . . .

   f) Do you know Mrs. Smith? . . . .
   Üben Sie dasselbe mit einem Partner.

2. Bilden Sie nach dem Beispiel Fragen mit *when?* (wann?):

   a) When did you buy that coat? I bought it last week.

   b) . . . . those letters? I typed them yesterday.

   c) . . . . that book? She read it a week ago.

   d) . . . . the tickets? They booked them on Friday.

   e) . . . . the money? He counted it last night.
   Üben Sie dasselbe mit einem Partner.

3. Setzen Sie das richtige Zeitwort in der bejahenden Form der Vergangenheit ein:

a) I . . . . . . to the post-office, and . . . . . . some letters.

b) Then I . . . . . . lunch at a restaurant.

c) Then I . . . . . . in the park, and . . . . . . some coffee.

d) Then I . . . . . . home, ... to the radio, and . . . . . . to bed.

LEKTION 45

Summertime Has Come

Was wird gelernt?

I've closed . . . **Have you locked . . . ?** **We have locked . . .**

John: What's wrong, Mary?	*John:* Was ist los, Mary?
Mary: It's cold in here.	*Mary:* Hier drin ist es kalt.
John: Yes. Look! I've opened all the windows.	*John:* Ja. Sieh her! Ich habe alle Fenster aufgemacht.
Mary: What!	*Mary:* Was!
John: I've opened all the windows.	*John:* Ich habe alle Fenster aufgemacht.
Mary: Well, close them. I'm freezing!	*Mary:* Nun, schließe sie! Ich friere!

So wird's verständlich:

Wir wollen Sie jetzt mit einer weiteren Zeitform der Vergangenheit bekanntmachen. Auch sie bezieht sich, wie die in Lektion 39, 40 und 44 geübte Vergangenheitsform, auf in der Vergangenheit Geschehenes, aber sie drückt gleichzeitig aus, daß das Geschehene sich auf die Gegenwart auswirkt. So friert Mary in dem Einführungsdialog *jetzt*, weil John *in der Vergangenheit* die Fenster aufgemacht hat. Er sagt: *Look! I've opened all the windows. (I've* ist natürlich die Kurzform von *I have.)*
Diese neue Zeitform wird gebildet aus einer Form von *have (I have, you have, he has* usw.; beim Sprechen *I've, you've, he's* usw.) und dem Mittelwort der Vergangenheit (Partizip Perfekt) des betreffenden Zeitworts.
Das Mittelwort der Vergangenheit hat bei den regelmäßigen Zeitwörtern die gleiche Form wie die Vergangenheit, endet also auf *-ed*. Bei den unregelmäßigen Zeitwörtern ist das Mittelwort der Vergangenheit manchmal gleich der Vergangenheitsform, manchmal hat es eine besondere dritte Form. (Am Ende dieses Buches finden Sie eine Liste aller Zeitwörter aus den 50 Lektionen mit ihren zwei oder drei verschiedenen Formen.) Sehen Sie sich nun diese Beispiele für die Vollendung in der Gegenwart (das Perfekt) – so heißt diese neue Zeitform – an:

I've opened *the windows.*	Ich habe die Fenster geöffnet.	**open**
We've locked *the door.*	Wir haben die Tür zugeschlossen.	**lock**
They've left *the house.*	Sie haben das Haus verlassen.	**leave**
They've gone.	Sie sind weggegangen.	**go**
You've eaten *all the apples.*	Ihr habt alle Äpfel gegessen.	**eat**

Verneinende Formen werden mit *not*, Fragen durch Umstellung gebildet:

You **haven't opened** *the door.*	**Have you opened** *the windows?*
They **haven't eaten** *the apples.*	**Have they eaten** *the bananas?*
We **haven't locked** *the door.*	**Have we locked** *the windows?*

Kurzantworten setzen sich aus dem Fürwort und *have* zusammen:
Yes, **I have**; *Yes,* **they have**; *No,* **we haven't** usw.
In dieser Lektion wollen wir uns auf die Vollendung in der Gegenwart mit *I, you, we* und *they* beschränken, auf die *have* folgt. Über *he, she, it* + *has* hören Sie später mehr.

Dialog 1: Perhaps they've gone out.

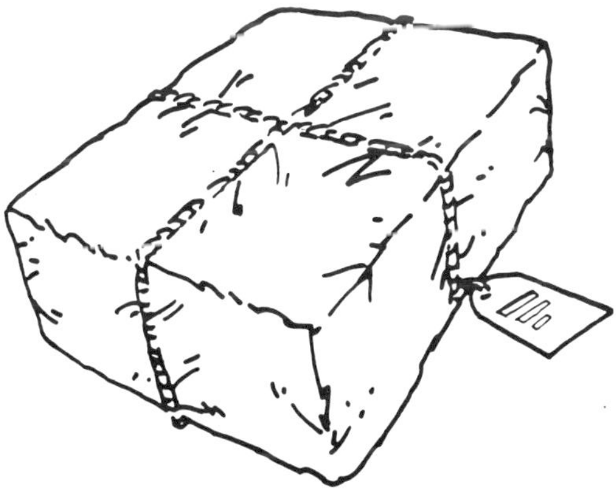

Peter und Karen besuchen ihre Freunde, die Robertsons. Sie stehen vor der Tür und haben gerade geklingelt.

Karen: That's strange. There's no one at home.
Peter: Yes, it is strange. Perhaps they've gone out.
Karen: Have they locked the door?
Peter: No, they haven't locked the door.

Karen: Well, let's go in . . . Look, they've left a note on the table.
Peter: And they've left a parcel, too.
Karen: What does it say in the note?
Peter: "We've gone out for a walk".
"We've left the parcel on the table."
Karen: They've left the parcel on the table.
Peter: Yes. It's very strange.
Karen: Have we come on the right day?
Peter: Yes, of course, we've come on the right day. It's Tuesday.
Karen: Have we come at the right time?
Peter: It's half past four. Of course we've come at the right time.
Karen: Hmm.
Es läutet an der Tür.
Karen: There's someone at the door.
Peter: What is going on?

Wörter und Wendungen

strange [streindʒ]	seltsam, merkwürdig
no one ['nəuwʌn]	keiner, niemand *(Statt "There's no one at home" kann man auch sagen "There isn't anyone . . .")*
go out ['gəu 'aut]	ausgehen
note [nəut]	Zettel, Notiz
parcel ['pɑːsl]	Paket
what does it say in the note? ['wɔt dəz it 'sei in ðə 'nəut]	was steht auf dem Zettel?
go out for a walk [gəu 'aut fɔr ə 'wɔːk]	einen Spaziergang machen
the right day [ðə 'rait 'dei]	der richtige Tag
what is going on? ['wɔt iz 'gəuiŋ 'ɔn]	was geht denn hier vor sich?

Dialog 2: Have the Carters left a note?

Peter ist zur Tür gegangen.

Peter: Hallo.
Man: Hallo. I've come for the parcel.
Peter: You've come for the parcel?
Man: Yes. Have the Carters left a note?

Karen: The Carters!
Peter: The Carters!
Man: Yes. Have the Carters left a parcel on the table?
Karen: We've come on the right day.
Man: You've come on the right day?
Peter: And we've come at the right time.
Man: You've come at the right time? What's going on?
Peter: But we've come to the wrong house.
Man: This is the Carters' house.
Peter: Yes, but we want the Robertsons' house.
Karen: We've come on the right day.
Peter: We've come at the right time.
Karen: But we've come to the wrong house.
Peter: Goodbye.
Karen: Goodbye.
Man: Goodbye. Er, what's going on?

Wörter und Wendungen

the wrong house [ðə 'rɔŋ 'haus]	das falsche Haus

Song: Summertime has come.

Summertime, summertime,	*die Sommerzeit, der Sommer*
Summertime is here.	
We've left the cold behind,	*die Kälte liegt hinter uns*
And we've come to the time,	
The time of the year,	
For fun in the sun, *on the sand*, by the sea,	*im Sand*
And *in the fields in the countryside.*	*auf den Feldern auf dem Land*

Summertime has come,
We've left the house and *found* the sun, *gefunden*
We've come out to the *sunshine* by the sea, *Sonnenschein*
We've left the house,
We've left the city,
We've found *a country place that's pretty.* *ein Plätzchen auf dem Land, wo es hübsch ist*

Summertime has come, the summer's here.
Summertime, summertime,
Summertime is here.
We've closed our minds to the wintertime, *wir haben den Winter aus unsern Gedanken gestrichen*
We've opened our *hearts* to the summer sunshine, *Herzen*
Summertime has come, the summer's here.

Übungen

1. Setzen Sie, wie im Beispiel, Zeitwörter ein:
   a) It's cold. I *have opened* the windows.

   b) There aren't any apples. I . . . . them all.

   c) There's no-one at home. They . . . . out.

   d) The house is all right. I . . . . the door.

2. Bilden Sie Fragen:
   a) *Have you* opened the window?

   b) . . . . close . . . the door?

   c) . . . . lock . . . the door?

   d) . . . . type . . . . the letters?

   e) . . . . post . . . . the letters?

   f) . . . . count . . the money?

3. Setzen Sie die verneinende Form wie im Beispiel ein:
   a) I've opened the window, but I *haven't opened* the door.
   b) I've eaten all the apples, but I . . . . the bananas.
   c) We've left our house, but we . . . . the city.
   d) You've closed the box, but you . . . . the case.
   e) They've come at the right time, but they . . . . on the right day.

LEKTION 46

I Haven't Been Anywhere

Was wird gelernt?

I've seen . . . **I haven't seen . . .** **Have you been to . . . ?**

Mary: Hans?
Hans: Yes?
Mary: Have you been to Cairo?
Hans: Yes, I've been to Cairo.
Mary: Have you seen the Pyramids?
Hans: Yes, I have.

Mary: Hans?
Hans: Ja?
Mary: Bist du schon einmal in Kairo gewesen?
Hans: Ja, ich bin schon in Kairo gewesen.
Marä: Hast du die Pyramiden gesehen?
Hans: Ja.

So wird's verständlich:

In Lektion 45 haben Sie sich zum erstenmal mit der Vollendung in der Gegenwart befaßt, die mit *have/has* und dem Mittelwort der Vergangenheit gebildet wird. Diese Form wird verwendet, um eine Handlung auszudrücken, die in der Vergangenheit liegt, sich aber auf die Gegenwart auswirkt.
Jetzt lernen Sie eine weitere Anwendungsmöglichkeit dieser Zeitform kennen. Dazu zunächst zwei Beispiele:

I've been *to Cairo.*	Ich bin in Kairo gewesen.
I've seen *the Pyramids.*	Ich habe die Pyramiden gesehen.

In diesen Sätzen wird die Vollendung in der Gegenwart verwendet, um über eine unbestimmte Zeit in der Vergangenheit zu sprechen. Der Sprechende sagt nicht, *wann* er in Kairo war oder *wann* er die Pyramiden gesehen hat. Es geht hier nur darum, daß er in Kairo war und daß er die Pyramiden gesehen hat. Das gilt ebenso für Mary, wenn sie fragt:

Have you been *to Cairo?*   **Have you seen** *the Pyramids?*

Es interessiert sie nicht der Zeitpunkt des Geschehens, sie möchte nur wissen, ob Hans jemals in seinem Leben in Kairo war und die Pyramiden gesehen hat.
Hier ist also diese Zeitform ganz allgemein auf die Vergangenheit bezogen – im Gegensatz zu der einfachen Vergangenheit (Lektion 39 und 40), die sich auf eine bestimmte Zeit der Vergangenheit bezieht wie „gestern", „vor zehn Minuten" usw.

Dialog 1: Have you been to Egypt?

Peter und Karen denken daran, in den Urlaub zu fahren, und sind in ein Reisebüro gegangen.

Travel Agent: Good morning. Can I help you?
Peter: Good morning. We're planning a holiday.
Karen: And we want lots of sunshine.
Travel Agent: Sunshine. Certainly. What about Tunisia? There's lots of sunshine in Tunisia.
Peter: No, we've been to Tunisia.
Karen: And we've seen the Sahara.
Travel Agent: What about Morocco? There's lots of sunshine in Morocco?
Karen: No, we've been to Morocco.
Peter: And we've seen the Atlas mountains.
Travel Agent: Hmm. You've been to Tunisia, and you've been to Morocco. Have you been to Egypt?
Karen: Egypt?
Travel Agent: Yes, there's lots of sunshine in Egypt.
Peter: No, we haven't been to Egypt.
Karen: And we haven't seen the Pyramids.
Das Telefon klingelt.
Travel Agent: Excuse me one moment, please.
(*Ins Telefon*) Hallo, Sunshine Holidays. Can I help you? . . . Yes . . .

Wörter und Wendungen

travel agent ['trævl 'eidʒənt]	Reisebüro-angestellter	Morocco [mə'rɔkəu]	Marokko
plan [plæn]	Plan	mountains ['mauntinz]	Berge, Gebirge
a holiday [ə 'hɔlədi]	Urlaub, Ferien	the Atlas mountains [ði 'ætləs 'mauntinz]	das Atlasgebirge
lots of ['lɔts əv]	viel(e)	Egypt ['i:dʒipt]	Ägypten
certainly ['sə:tnli]	aber sicher! natürlich!	excuse me one moment [iks'kju:z mi 'wʌn 'məumənt]	entschuldigen Sie mich einen Augenblick!
what about Tunisia? ['wɔt ə'baut tju'niziə]	wie wär's mit Tunesien? was halten Sie von Tunesien?		
the Sahara [ðə sə'hɑ:rə]	die Sahara		

Dialog 2: We haven't seen the ruins in Rome.

Der Reisebüroangestellte telefoniert noch.

Travel Agent: So you want to go to Spain. Good. Thank you. Goodbye. *(To Peter and Karen)* So you want to go to Egypt.
Karen: What about Spain?
Peter: Yes, what about Spain?
Travel Agent: There's lots of sunshine in Spain. Haven't you been to Spain?
Karen: No, we haven't been to Spain.
Peter: And we haven't seen the Canary Islands.
Travel Agent: Here.
Karen: What's this?
Travel Agent: It's our brochure. "Sunshine Holidays".
Karen: "Sunshine Holidays". That's interesting.
Peter: Look! Greece.
Karen: We haven't been to Greece.
Travel Agent: There's lots of sunshine in –
Karen: Look! Italy.

Peter:	Rome! The ruins in Rome!
Karen:	We haven't seen the ruins in Rome.
	Das Telefon klingelt.
Travel Agent:	Excuse me one moment, please ... Hallo, can I help you? ... Yes, of course. Denmark?
Peter:	Denmark!
Karen:	We haven't been to Denmark –
Travel Agent:	Sweden?
Peter:	Sweden!
Karen:	We haven't been there either.
Travel Agent:	Norway, France, Switzerland ...

Wörter und Wendungen

haven't you been to ...? ['hævnt ju bin tə]	sind Sie noch nicht in ... gewesen? *(Solche verneinenden Fragen bildet man einfach, indem man die Verneinung an den Anfang der Frage stellt und die übrige Wortfolge beibehält: "Didn't you ...?" "Isn't it ..." usw.)*	Greece [gri:s]	Griechenland
		brochure ['brəuʃjuə]	Prospekt, Broschüre
		interesting ['intristiŋ]	interessant
		Italy ['itəli]	Italien
		ruins ['ruinz]	Ruinen
		Rome [rəum]	Rom
		Denmark ['denma:k]	Dänemark
		Sweden ['swi:dn]	Schweden
		Norway ['nɔ:wei]	Norwegen
		Germany ['dʒə:məni]	Deutschland
Spain [spein]	Spanien		
the Canary Islands [ðə kə'nɛəri 'ailəndz]	die Kanarischen Inseln	France [fra:ns]	Frankreich
		Switzerland ['switsələnd]	die Schweiz

Song: I haven't been anywhere.

I've been to *Fez,*	*Fez*
I've been to *Paris,*	*Paris*
I've been to *Katmandu,*	*Katmandu*
But I have*n't* been happy *anywhere,*	*nirgends*
If I haven't been with you.	

I've been to *Rome*, — *Rom*
I've been to Cairo,
I've been *to far Peru*, — *im fernen Peru*
But I haven't been happy anywhere,
If I haven't been with you.

We've seen *the Nile*, — *der Nil*
We've seen *the Ganges*, — *der Ganges*
We've seen *the Tigris* too, — *der Tigris*
But I haven't been happy anywhere,
If I haven't been with you.

Übungen

1. Bilden Sie Sätze nach folgendem Beispiel:
   a) Have you been to Egypt?
   b) Have you seen the Pyramids?

   c) .... Italy?

   d) .... Sweden?

   e) .... Morocco?

   f) .... the Nile?

   g) .... the ruins in Rome?

   h) .... the Atlas mountains?

2. Beantworten Sie folgende Fragen mit kurzen Antworten (*Yes, I have* oder *No, I haven't*):
   Have you been to Cairo? ....

   Have you been to Paris? ....

   Have you seen the Pyramids? ....

Have you seen the Nile? ....

Have you been to Fez? ....

Have you seen the Sahara? ....

Have you seen the Atlas mountains? ....

Stellen Sie diese Fragen einem Partner.

LEKTION 47

He's Travelled Far and Wide

Was wird gelernt?

He's gone/He hasn't gone. Has he . . . ? He's gone; He went

Mary:	John isn't here today. He's gone to Paris.	*Mary:*	John ist heute nicht hier. Er ist nach Paris gefahren.
Hans:	Paris? When did he go?	*Hans:*	Nach Paris? Wann ist er gefahren?
Mary:	He went two days ago.	*Mary:*	Er ist vor zwei Tagen gefahren.
John:	Hallo, Mary. Hallo, Hans.	*John:*	Hallo, Mary. Hallo, Hans.
Mary:	John! You've come back!	*Mary:*	John! Du bist schon zurück!
John:	Yes, I came back two hours ago.	*John:*	Ja, ich bin vor zwei Stunden zurückgekommen.

So wird's verständlich:

In Lektion 45 und 46 haben Sie die Vollendung in der Gegenwart mit *I, you, we* und *they* geübt. In dieser Lektion kommen nun einige Beispiele mit *he, she* und *it* vor, die natürlich mit *has* gebildet werden: *He has gone* usw. Die verkürzte Form dazu heißt *He's gone*. Aber verwechseln Sie diese Verkürzung von *has* nicht mit der von *is*; beide sind weder in der Schreibung noch in der Aussprache unterschieden, und man erkennt nur am Satzzusammenhang, welche gemeint ist:

He has gone. He's gone.
He hasn't closed the door.
Has he closed the window? – Yes, he has.

In dieser Lektion wollen wir die beiden Ihnen bekannten Zeitformen der Vergangenheit einander gegenüberstellen. Sehen Sie sich dazu bitte noch einmal die Erläuterungen zu Lektion 39 und 40 an, in denen die einfache Vergangenheit behandelt wurde, die sich auf eine bestimmte Zeit in der Vergangenheit bezieht *(I bought it two days ago)*, und sehen Sie sich auch die Erläuterungen zu Lektion 45 und 46 an, in denen die zweite Form der Vergangenheit, die Vollendung in der Gegenwart, besprochen wird, die sich auf eine unbestimmte Zeit der Vergangenheit bezieht und die Auswirkung auf die Gegenwart mit einbezieht *(I've seen the Pyramids)*.
Also: Spricht man von einer bestimmten Zeit in der Vergangenheit, zum Beispiel *two days ago*, so verwendet man die Form der „einfachen Vergangenheit". So sagte Mary: *He went two days ago*, und John sagte: *I came back two hours ago*. Spricht man dagegen von einer unbestimmten Zeit in der Vergangenheit oder will man einen Bezug von der Vergangenheit zur Gegenwart ausdrücken, so verwendet man die Form der Vollendung in der Gegenwart. So sagte Mary: *He's gone to Paris* und *You've come back!*

Hier noch ein Beispiel:

I've seen *the Pyramids.*	Vollendung in der Gegenwart
I saw *the Pyramids.*	Einfache Vergangenheit

Dialog 1: My husband's disappeared!

Karen macht sich Sorgen um ihren Mann Peter und telefoniert mit der Polizeiwache.

Policeman: Hallo. Sunbury police-station.
Karen: Hallo! Police? Something terrible has happened!
Policeman: Now, madam, keep calm.
Karen: My husband! My husband's disappeared. He's gone.
Policeman: Now, keep calm, madam. What's your name?
Karen: Karen. Karen Roberts.
Policeman: Now, Mrs. Roberts. What's wrong?
Karen: My husband hasn't come home.
Policeman: When did you last see him?
Karen: I saw him this morning. He left the house at eight o'clock, and he hasn't come back.
Policeman: Perhaps he's still at work.
Karen: No, I've phoned his office. He left the office at five o'clock.
Policeman: And it's eight o'clock now.
Karen: Yes, it's eight o'clock.
Policeman: Perhaps his car has broken down.
Karen: No. He hasn't phoned me. He's disappeared!
Policeman: Now, keep calm, madam. Tell me your address. Then go and have a cup of tea. I'll come round to your house straight away. Now, what's the address?

Karen: It's twenty-five –
Policeman: Twenty-five, yes.
Karen: Sunview Crescent.
Policeman: Sunview Crescent. 25, Sunview Crescent.

Wörter und Wendungen

terrible ['terəbl]	furchtbar, schrecklich
happen ['hæpən]	sich ereignen, geschehen
something terrible has happened ['sʌmθiŋ 'terəbl həz 'hæpənd]	es ist etwas Furchtbares geschehen
calm [kɑ:m]	ruhig
keep calm ['ki:p 'kɑ:m]	bleiben Sie ruhig!
disappear [disə'piə]	verschwinden
last [lɑ:st]	zuletzt
still [stil]	immer noch
at work [ət 'wɔ:k]	bei der Arbeit
break down ['breik 'daun]	zusammenbrechen *(die Formen sind "break"/"broke"/"broken")*
tell me ['tel mi]	sagen Sie mir!
come round ['kʌm 'raund]	vorbeikommen
straight away ['streit ə'wei]	sofort
Crescent ['kresnt]	Halbmond, *hier:* halbmondförmige Straße: Bogen

Dialog 2: Why didn't he phone?

Der Polizist ist bei Karen zu Hause angekommen.

Karen: Hallo, officer. Come in.
Policeman: Hallo, Mrs. Roberts.
Karen: He hasn't come home.
Policeman: Hmm.
Karen: And he hasn't phoned.
Policeman: Hmm.
Karen: I've phoned all our friends. Oh, where has he gone to?
Policeman: Hmm.
Karen: Something terrible's happened.
Das Telefon klingelt.
The telephone! Perhaps it's Peter! . . . Hallo! Oh, it's for you. It's the police-station.

Policeman: Hallo? ... His wife's disappeared? ... At the cinema? ... Hmm ... The phone's been busy? ... What's his name? ... Ah, I see. Tell him to keep calm. I'll come round to the cinema straight away. *(To Karen)* Someone's waiting at the cinema.

Karen: Who?

Policeman: Your husband.

Karen: Oh no, the cinema! I forgot. We arranged to meet there.

Policeman: Well, hurry up. I'll take you there straight away.

Karen: But why didn't he phone?

Policeman: The phone's been busy.

Karen: But of course. I've phoned all our friends! Oh dear, I've been on the phone all the time!

Wörter und Wendungen

officer ['ɔfisə]	Herr Wachtmeister	forgot [fə'gɔt]	vergaß
it's for you [ɪts fə 'ju:]	es ist für Sie	arrange [ə'reindʒ]	vereinbaren, ausmachen
busy ['bizi]	besetzt	I'll take you there [ail 'teik ju 'ðɛə]	ich bringe Sie (dort)hin
the phone's been busy [ðə 'fəunz bin 'bizi]	das Telefon war besetzt	on the phone [ɔn ðə 'fəun]	am Telefon

Song: He's travelled far and wide.

Oh, my man's *a travelling man,*	*jemand, der viel reist*
Travelling, travelling, travelling, travelling man,	
He's travelled *far and wide,*	*nah und fern*
He's travelled *the whole world over,*	*um die ganze Welt*

The whole world, whole world, whole world over,
And I've waited,
Yes, I've waited,
For days and weeks and weeks and years,
Days and weeks and weeks and years,

To have him back home,
Back home with me,
Back home *by my side.* — *an meiner Seite, neben mir*

Where did he go two years ago?
He went to *Katmandu,* — *Katmandu (Nepal)*
Where did he go a year ago?
He went to *Kalamazoo.* — *Kalamazoo (USA)*

Oh, my man's a travelling man,
Travelling, travelling, travelling, travelling man,
He's travelled far and wide,
And now I've come back,
Back home to me,
Back home *to my side.* — *an meine Seite, neben mich*

Übungen

1. Beantworten Sie nach folgendem Beispiel die Fragen in der Vollendung in der Gegenwart:
   a) Has Mike gone to Paris? — Yes, he's gone to Paris.
   b) Has Mary gone to Rome? — Yes, ...
   c) Has Miss Jones gone to Morocco? — No, ...
   d) Have the Smiths left England? — Yes, ...
   e) Has your sister come back? — No, ...
   f) Have Tom & Jerry seen the Pyramids? — No, ...
   Üben Sie dasselbe mit einem Partner.

2. Geben Sie nach folgendem Beispiel bejahende Antworten in der Vollendung in der Gegenwart:
   a) Where's Mike? — He's gone to Paris.
   b) Where's Miss Jones? — . . . . Morocco.

c) Where are Mr. & Mrs. Roberts? .... Cairo.

d) Where's your brother? .... New York.
Üben Sie dasselbe mit einem Partner.

3. Sehen Sie sich Dialog 1 noch einmal an, und vervollständigen Sie die Sätze mit den Wörtern in Klammern. Verwenden Sie dabei die Vollendung in der Gegenwart oder die einfache Vergangenheit:
   a) My husband has disappeared! (disappear)

   b) He .... home. (come)

   c) He .... at all. (phone)

   d) I .... him this morning. (see)

   e) He .... the house at eight o'clock. (leave)

   f) I .... his office. (phone)

   g) He .... the office at five o'clock. (leave)

   h) Perhaps his car .... down. (break)

LEKTION 48

We've Fallen in Love

Was wird gelernt?

see, saw, seen **Did you . . . ?** **Have you . . . ?**

Mary:	John, look out!	*Mary:*	John, paß auf!
John:	Ouch!	*John:*	Autsch!
Hans:	What was that?	*Hans:*	Was war das?
Mary:	It's John. He's on the floor. He's fallen over.	*Mary:*	Es ist John. Er liegt am Boden. Er ist gefallen.
Hans:	Are you all right, John?	*Hans:*	Alles in Ordnung (mit dir), John?
John:	Yes, I'm O.K. I fell over some boxes.	*John:*	Ja, mir ist nichts passiert. Ich bin über ein paar Kästen gestolpert.

So wird's verständlich:

Sie haben bisher verschiedene unregelmäßige Zeitwörter mit drei Stammformen kennengelernt. Dazu gehörten:

gehen	*go*	*went*	*gone*
fallen	*fall*	*fell*	*fallen*
sehen	*see*	*saw*	*seen*

Von diesen drei Stammformen lassen sich bei allen englischen Zeitwörtern sämtliche andere Formen ableiten. (Bei manchen Zeitwörtern sind es nur zwei Stammformen, nämlich wenn das Mittelwort der Vergangenheit und die einfache Vergangenheit die gleiche Form haben. Das trifft bei allen regelmäßigen auf *-ed* zu, aber auch bei einer ganzen Reihe unregelmäßiger.)

Aus der ersten Stammform, der Grundform, bildet man die Befehlsform (vgl. Lektion 21), die Verlaufsform für gerade ablaufende Handlungen (vgl. Lektion 27, 28) und die einfache Gegenwart für sich gewohnheitsmäßig wiederholende Handlungen (vgl. Lektion 31, 32) sowie die Frage und Verneinung in der einfachen Vergangenheit (vgl. Lektion 39, 40 und 44). Als Beispiel soll *go* dienen:

Go *away!*
I'm going *to the post-office.*
I *always* **go** *to the cinema on Friday.*
Did you go *to the cinema last Friday?*
Last Friday **I did not go** *to the cinema.*

Die zweite Stammform bildet die einfache Vergangenheit in bejahenden Sätzen (vgl. Lektion 39, 40 und 44):

I went *to the park yesterday.*

Die dritte Stammform ist das Mittelwort der Vergangenheit, mit dem die Vollendung in der Gegenwart gebildet wird (vgl. Lektion 45 und 47):

Mike **has gone** *to Paris.*

Später begegnen Ihnen noch weitere Zeitformen, die alle ebenfalls aus diesen drei Stammformen abgeleitet werden. Es ist daher ratsam, die Stammformen jedes neuen Zeitworts zu lernen, denn nur dann können Sie alle Formen des Zeitworts bilden. (Eine Liste aller in den Lektionen 1–50 vorkommenden Zeitwörter finden Sie am Ende dieses Buches.)
In dieser Lektion wollen wir uns nun weiter mit dem Unterschied zwischen bestimmter und unbestimmter Vergangenheit beschäftigen.

Dialog 1: I've broken my arm.

Karen liegt hilflos im Keller.

Karen: Help! Help!
Peter: Karen? What's wrong?
Karen: Peter! Help!
Peter: Where are you?
Karen: I'm in the cellar.
Peter: What's wrong?
Karen: I've fallen over some boxes. Help me, quick!
Peter: What happened?
Karen: I fell over those boxes. Ouch! My arm!
Peter: Now, what's wrong?
Karen: I've broken my arm.
Peter: Don't be silly. You haven't broken your arm. Come on. Get up. I'll help you.
Karen: Ouch! My leg!
Peter: What's wrong now?
Karen: I can't get up. My leg! I've broken my leg!
Peter: Don't be silly. You haven't broken your leg. Come on. Get up.
Karen: Ouch! No, I can't get up.
Peter: Oh, dear. Perhaps you have broken your leg.
Karen: Yes, I have broken my leg.
Peter: All right. Stay there. I'll phone the doctor.
Karen: Yes, phone the doctor.
Peter: He'll come round straight away.

Wörter und Wendungen

help! [help]	Hilfe!	don't be silly ['dəunt bi 'sili]	sei nicht albern!
cellar ['selə]	Keller	I'll help you [ail 'help ju]	ich helfe dir
quick [kwik]	schnell	leg [leg]	Bein
ouch! [autʃ]	autsch!	doctor ['dɔktə]	Arzt
arm [ɑːm]	Arm		
broken ['brəukən]	gebrochen		
silly ['sili]	albern		

Dialog 2: She fell over some boxes.

Der Arzt ist gekommen, um nach Karen zu sehen.

Peter: Come in, doctor.
Doctor: Well, what's wrong?
Peter: It's my wife. She fell over some boxes an hour ago.
Doctor: Where is she?
Peter: In the cellar. She can't get up. She's broken her leg.
Doctor: Let's see her.
Karen: Hallo, doctor. Ouch! My arm!
Doctor: Your arm?
Karen: Yes, I've broken my arm.
Doctor: Let me see it.
Karen: Ouch!
Doctor: No, it's all right. You haven't broken your arm.
Peter: Come on. Get up.
Doctor: Yes. We'll help you.
Peter fällt hin.
Karen: What's wrong, Peter?
Peter: I've fallen over the boxes. Oh! My leg!
Doctor: Let me see. Oh! Yes! You've broken your leg.

Wörter und Wendungen

let's see her [lets 'siː həː]	gehen wir zu ihr!	let me see [let mi 'siː]	lassen Sie mich mal sehen!

Song: We've fallen in love.

Last week I went to a *party*,	*Party, Gesellschaft*
And I saw her there in the *crowd*,	*(Menschen) Menge*
And this *girl* I've seen	*Mädchen*
Is the *only* girl for me,	*einzig*
'Cos I fell in love,	*weil ich mich verliebt habe*
Oh I fell, yes I fell,	
Last week I fell in love.	
Last week I went to a party,	
And I saw him there in the crowd,	
And this *boy* I've seen,	*Junge*
Is the only boy for me,	
'Cos I fell in love,	
Oh I fell, yes I fell,	
Last week I fell in love.	
Last week *we met* at a party,	*wir trafen uns* (meet, met, met)
We saw *each other* in the crowd,	*einander*
And we've fallen in love,	
How we've fallen in love!	*Und wie wir uns verliebt haben*
Oh we've fallen, yes we've fallen in love.	

Übungen

1. Fügen Sie *did* oder *has* oder *have* ein:

   a) . . . . you been to Spain?

   b) What . . . . you do there?

   c) . . . . your sister come back?

d) What .... you do yesterday evening?

e) .... you buy that coat last week?

f) .... Mr. and Mrs. Smith gone on holiday?

2. Ergänzen Sie nach folgendem Beispiel diese Sätze (verneinte Vollendung in der Gegenwart im ersten, bejahende einfache Vergangenheit im zweiten Teilsatz):
   a) Jack hasn't seen the film, but I saw it last week. (see)

   b) The postman ...., but the milkman ..... ten minutes ago. (come)

   c) Karen .... her arm, but Peter .... his leg yesterday. (break)

   d) My brother .... to England, but my father .... in England last year. (be)

   e) The Smiths ..... on holiday, but the Greens .... on holiday yesterday. (go)

3. Geben Sie an, ob *'s* in diesen Sätzen für *is* oder für *has* steht, und schreiben Sie dann den Satz mit der vollen Form nieder:
   a) What's the time? is What is the time?

   b) My cousin's gone to Paris. ....

   c) Jack's got a new car. ....

   d) It's cold today. ....

   e) He's wearing a blue suit. ....

   f) Mary's left London. ....

LEKTION 49

Time Passes Slowly By

Was wird gelernt?

slow / slowly well, fast

John:	Mary! Drive slowly!	*John:*	Mary! Fahr langsam!
Mary:	Don't worry.	*Mary:*	Mach dir keine Sorgen!
John:	You're driving very fast.	*John:*	Du fährst sehr schnell.
Mary:	It's O.K. I'm a good driver.	*Mary:*	Schon gut. Ich bin eine gute Fahrerin.
John:	Be careful!	*John:*	Sei vorsichtig!
Mary:	John, I always drive carefully. I drive fast, but I drive well, too.	*Mary:*	John, ich fahre immer vorsichtig. Ich fahre schnell, aber auch gut.

So wird's verständlich:

In den bisherigen Lektionen sind Ihnen immer wieder Eigenschaftswörter begegnet, die entweder alleinstehend gebraucht wurden (*I'm hot*) oder zusammen mit einem Hauptwort (*a hot dinner*).
Sehen Sie sich bitte diese Eigenschaftswörter + Hauptwörter an:

a bad driver	ein schlechter Fahrer
a slow driver	ein langsamer Fahrer
a careless driver	ein unvorsichtiger Fahrer

Will man nun die Eigenschaft des Fahrers (*bad, slow, careless*) ausdrücken, indem man angibt, wie er fährt, so benutzt man statt des Hauptworts (*driver*) ein Zeitwort (*drive*), und aus den Eigenschaftswörtern werden Umstandswörter (Adverbien). Das geschieht im Englischen meistens so, daß das Eigenschaftswort die Endung *-ly* bekommt: *bad* wird zu *badly*, *slow* wird zu *slowly*, *careless* wird zu *carelessly*.

He's a **bad driver.**	*He* **drives badly.**
He's a **slow driver.**	*He* **drives slowly.**
He's a **careless driver.**	*He* **drives carelessly.**

Eigenschaftswörter, die auf -y enden, verwandeln das *-y* vor *-ly* zu *-i*. So wird *happy* zu *happily* und *hungry* zu *hungrily*:

*He was happ***y**.	*He smiled happ***ily**.
*They were hungr***y**.	*They ate hungr***ily**.

Einige Eigenschaftswörter bilden „unregelmäßige" Umstandswörter:

He's a **good** *driver.*	*He drives* **well.**
He's a **fast** *driver.*	*He drives* **fast.**

Das Umstandswort zu *good* heißt also *well*, und bei *fast* sind Eigenschaftswort und Umstandswort gleich.
Wie Sie aus den Beispielen sehen, stehen die Umstandswörter meistens hinter dem Zeitwort, auf das sie sich beziehen.
In dieser Lektion wollen wir einige Umstandswörter üben.

Dialog 1: He ran badly.

Karen ist mit ihrem Mann Peter beim Pferderennen.

Karen: Well, I like Trojan. He's a good runner.
Peter: He didn't run well last week. He ran badly.
Karen: I don't care. *(To the bookmaker)* One pound on Trojan to win.
Bookmaker: One pound to win on Trojan, lady?

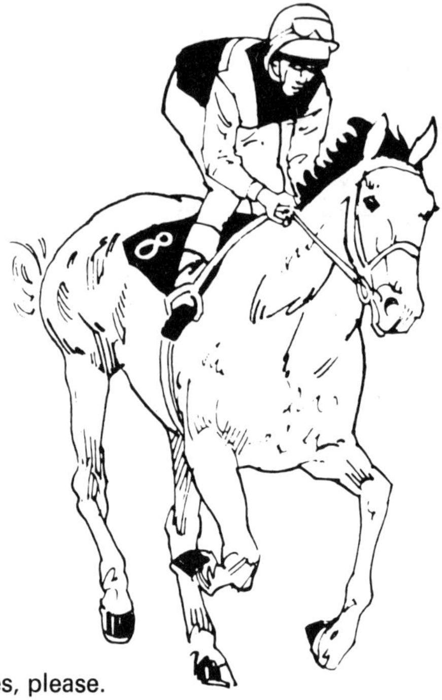

Karen: Yes, please.

Bookmaker: There's your ticket, lady.

Karen: There you are, Peter. I've put a pound on Trojan.

Peter: You've put a pound on Trojan! Wait a moment! *(To the bookmaker)* One pound on Sparta to win.

Bookmaker: One pound to win on Sparta, sir?

Peter: Yes, please.

Bookmaker: There's your ticket, sir.

Peter: There you are, Karen. I've put a pound on Sparta.

Karen: Sparta's a slow runner.

Peter: He didn't run slowly last week. He ran quickly.

Karen: And he's a careless jumper.

Peter: He didn't jump carelessly last week. He jumped carefully.

Karen: Trojan's fast, and he's careful . . . What's the time, Peter?

Peter: Twenty-five past two.

Karen: Hurry! It's time for our race.

Peter: Sparta's a good runner.

Karen: He didn't run well last week. He ran badly.

Wörter und Wendungen

I like [ai 'laik]	ich mag	win (won, won) [win (wʌn, wʌn)]	gewinnen
he [hi(:)]	er *(Für Tiere und Sachen benutzt man im allgemeinen das Fürwort "it". Hier wird jedoch das Pferd gleichsam als „Persönlichkeit" gesehen, daher "he".)*	lady ['leidi]	Dame; *(hier: umgangssprachlich für "madam")* meine Dame
		I've put a pound on [aiv put ə 'paund ɔn]	ich habe ein Pfund auf . . . gesetzt
		quickly ['kwikli]	schnell
runner ['rʌnə]	Rennpferd	jump (jumped) [dʒʌmp (dʒʌmpt)]	springen
I don't care [ai 'dəunt 'kɛə]	das ist mir egal		
bookmaker ['bukmeikə]	Buchmacher *(der Rennwetten annimmt)*	careful ['kɛəful]	vorsichtig
		race [reis]	Rennen

Dialog 2: They're both running well.

Das Rennen hat angefangen.

Karen: Come on, Trojan! Come on!
Peter: Come on, Sparta! Come on!
Karen: Trojan's running well!
Peter: Sparta's running well!
Karen: They're both running well. They're running together.
Peter: Yes. Trojan and Sparta are running side by side.
Karen: Come on, Trojan!
Peter: Sparta's won!
Karen: No, he hasn't! Look! It's Trojan! Trojan's won! Hurrah!
Peter: You've won, Karen.
Karen: Yes, I've won. Now, where's my ticket?
Peter: In your pocket?
Karen: No.
Peter: In your handbag?
Karen: No. Oh, dear. Trojan's won, and I've lost my ticket.
Peter: Where is it?
Karen: I've dropped it somewhere.
Peter: Let's look. Let's look carefully.

Wörter und Wendungen

come on! ['kʌm 'ɔn]	los, komm!	handbag ['hændbæg]	Handtasche
both [bəuθ]	beide	I've lost [aiv 'lɔst] (lose, lost, lost) [lu:z, lɔst, lɔst]	ich habe verloren
together [tə'geðə]	zusammen	drop [drɔp]	fallen lassen
side by side ['said bai 'said]	nebeneinander	somewhere ['sʌmwɛə]	irgendwo
hurrah! [hu'rɑ:]	hurra!		
pocket ['pɔkit]	Tasche		

Song: Time passes slowly by.

Time, time, time.	
When I'm alone, *time passes slowly by,*	*die Zeit vergeht langsam*
Time, time,	
Slowly passing, passing slowly,	
Time passes slowly by.	
The hands creep wearily round the clock,	*die Zeiger kriechen müde um die Uhr*
The sun *climbs sadly* up the sky,	*klettert traurig*
When I'm alone, all alone,	
Time passes slowly by.	
Time, time, time,	
When we're together, time *races* quickly by.	*rast*
Time, time,	
Quickly racing, racing quickly,	
Time races quickly by.	
The hands *dash madly* round the clock,	*rasen wie wild*
The sun *shines brightly* in the sky,	*scheint hell*
When we're together, both together,	
Time races quickly by.	

Übungen

1. Fügen Sie das richtige Umstandswort ein, um den zweiten Satz sinnvoll zu vervollständigen:

   a) He doesn't drive carefully. He drives carelessly.

   b) Don't drink this quickly. Drink it ....

   c) He doesn't play well. He plays ....

   d) She didn't sing happily. She sang ....

2. Vervollständigen Sie die Antworten:

   a) Was Mr. X a happy man? Well, he smiled happily.

   b) Was the dog thirsty? Well, it drank the water ....

   c) Were the children hungry? Well, they ate the apples ....

   d) Is your brother a careful man? Well, he drives ....

LEKTION 50

The Very, Very Best

Was wird gelernt?

cheap, cheaper, the cheapest

John:	How much were those oranges, Mary?	*John:*	Wie teuer waren die Orangen, Mary?
Mary:	Twenty pence.	*Mary:*	Zwanzig Pence.
John:	Really? Mine were cheaper.	*John:*	Wirklich? Meine waren billiger.
Mary:	How much were they?	*Mary:*	Wie teuer waren sie?
John:	Eighteen pence.	*John:*	Achtzehn Pence.
Hans:	Ah, ha! So mine were the cheapest. Fifteen pence!	*Hans:*	Aha! Dann waren meine also am billigsten. Fünfzehn Pence!

So wird's verständlich:

In dieser Lektion lernen Sie die Steigerung des Eigenschaftswortes kennen. Man unterscheidet dabei drei Stufen: die Grundstufe (Positiv), die Vergleichsstufe (Komparativ) und die Höchststufe (Superlativ).
Will man zwei Dinge miteinander vergleichen, so benutzt man die Vergleichsstufe: *The red car is c h e a p, but the blue one's c h e a p e r* (das rote Auto ist billig, aber das blaue ist billiger). Man kann auch sagen: *The blue car is c h e a p e r than the red one.* (Das blaue Auto ist billiger als das rote.)
Will man eines von drei oder mehr Dingen den übrigen gegenüber hervorheben, so benutzt man dazu die Höchststufe: *Peter's oranges were the c h e a p e s t.* (Peters Orangen waren am billigsten.)

Die meisten einsilbigen Eigenschaftswörter bilden ihre Vergleichsstufe durch Anhängen von *-er* und die Höchststufe durch Anhängen von *-est* an die Grundstufe:

Grundstufe	Vergleichsstufe	Höchststufe
cheap	*cheap***er**	*cheap***est**
dear	*dear***er**	*dear***est**
small	*small***er**	*small***est**
cold	*cold***er**	*cold***est**
long	*long***er**	*long***est**
old	*old***er**	*old***est**
young	*young***er**	*young***est**
big	*big***ger**	*big***gest**
hot	*hot***ter**	*hot***test**
late	*late***r**	*late***st**

Beachten Sie, daß *big* und *hot*, die auf einen Mitlaut nach kurzem Selbstlaut enden, den Mitlaut beim Anhängen von *-er, -est* verdoppeln. Bei Eigenschaftswörtern wie *late*, die auf ein stummes *-e* enden, wird nur *-r, -st* angehängt.

Einige Eigenschaftswörter bilden unregelmäßige Steigerungsformen:

good	**better**	**best**
bad	**worse**	**worst**

Die Höchststufe läßt sich mit dem Zusatz *of all* noch besonders hervorheben: *Peter's oranges were the cheapest of all.* (. . . die billigsten von allen, . . . am allerbilligsten).

Dialog 1: Smaller, cheaper — bigger, dearer

Karen und ihre Freundin Linda kaufen auf dem Markt ein.

Karen: Linda, look at these oranges. They're cheap.
Linda: Lots of things are cheap today, Karen.

Karen:	Things are cheaper in the market.
Linda:	And they're cheapest on Saturday.
Karen:	Look at those apples! *(To the stallkeeper)* How much are those apples?
Stallkeeper 1:	Twenty pence a pound, lady.
Karen:	That's cheap.
Stallkeeper 2:	Look at these, lady. They're cheaper. Eighteen pence a pound.
Linda:	Wait, Karen. There're some over there. Sixteen pence a pound. They're the cheapest of all.
Stallkeeper 2:	Yes, lady. But these are better. Look.
Stallkeeper 1:	Look at these, lady. They're the best of all.
Karen:	These are smaller, but they're cheaper.
Stallkeeper 2:	And better.
Linda:	These are bigger, but they're dearer.
Stallkeeper 1:	And better.
Karen:	Smaller, cheaper –
Linda:	Bigger, dearer –
Karen:	Which ones are better? We want the cheapest and the best.
Stallkeeper 1:	Here, lady, have an apple. Eat it and see.
Stallkeeper 2:	Here, lady, have one of these. Eat it and see.
Karen:	Mmm, good!

Linda: Mmm, this is good, too!
Stallkeeper 1: You, lady, have one of these.
Stallkeeper 2: Lady, you have one of these.
Karen: Oh, dear, we'll never be able to decide.

Wörter und Wendungen

lots of things ['lɔts əv 'θiŋz]	viele Dinge
market ['mɑ:kit]	Markt
stallkeeper ['stɔ:lki:pə]	(Markt)Händler
20p a pound ['twenti 'pens ə 'paund]	20 Pence das Pfund *("pound" als Gewicht wird häufig "lb" abgekürzt)*
over there ['əuvə 'ðɛə]	da drüben
which ones? ['witʃ wʌnz]	welche? *(Mehrzahl)*
have an apple ['hæv ən 'æpl]	nehmen Sie einen Apfel!
eat it and see ['i:t it ənd 'si:]	essen Sie ihn und urteilen Sie selbst!
one of these ['wʌn əv 'ði:z]	einen von diesen
be able to [bi 'eibl tə]	in der Lage sein zu . . ., können
decide [di'said]	(sich) entscheiden
we'll never be able to decide [wi:l 'nevə bi 'eibl tə di'said]	wir werden uns nie entscheiden können

Dialog 2: The cheapest and the best in the market

Karen und Linda probieren immer noch die Äpfel

Linda: Oh, dear! I've eaten five apples.
Karen: And I've eaten six!
Linda: Which are the best?
Karen: I don't know.
Stallkeeper 1: Do you want a pound of apples, lady? Twenty pence a pound.
Stallkeeper 2: These are cheaper. Eighteen pence a pound. Do you want a pound, lady?
Stallkeeper 1: These are dearer, but they're better.
Stallkeeper 2: These are the cheapest and the best in the market!
Linda: I don't want any apples. I've eaten five.
Karen: And I don't want any apples. I've eaten six!

Stallkeeper 1:	What about oranges? These are cheap. Five for eighteen pence.
Stallkeeper 2:	These are cheaper. Five for sixteen pence.
Stallkeeper 1:	These are better.
Karen:	I don't want any oranges.
Linda:	And I don't want any oranges.
Stallkeeper 1:	You don't want any oranges?
Stallkeeper 2:	You don't want any oranges?
Stallkeeper 1:	That's fifteen pence, lady.
Linda:	Fifteen pence!
Stallkeeper 1:	Yes, you've eaten five apples.
Stallkeeper 2:	And that's twenty pence, lady.
Karen:	Twenty pence!
Stallkeeper 2:	Yes, you've eaten six apples.
Karen:	Oh, dear. We've eaten the apples. Now we must pay for them. How much did you say?

Wörter und Wendungen

what about oranges? ['wɔt ə'baut 'ɔrindʒiz]	wie steht es mit Orangen? wie wäre es mit Orangen?
must [mʌst, məst]	muß(t), müssen, müßt
we must pay for them [wi məst 'pei fə ðəm]	wir müssen sie bezahlen
how much did you say? ['hau 'mʌtʃ did ju 'sei]	wieviel war es doch gleich?

Song: The very, very best

Oranges are cheap today,	
Only five pence *each* to pay,	*das Stück, je*
Cheaper and *riper,*	*reifer* (von "ripe")
And *better than the rest,*	*besser als die übrigen*
The cheapest and the ripest,	
And *the very, very best.*	*die allerallerbesten*

Apples are cheap today,
Only three pence each to pay,
Cheaper and bigger,
And better than the rest,
The cheapest and the biggest,
And the very, very best.

Grapefruit are cheap today,
Only six pence each to pay,
Cheaper and *sweeter*,
And better than the rest,
The cheapest and the sweetest,
And the very, very best.

Grapefruit, *Pampelmuse*

süßer (von "sweet")

Übungen

1. Vervollständigen Sie die Sätze mit den in Klammern angegebenen Eigenschaftswörtern:

a) France is bigger than England. (big)

b) My grandfather is .... than my uncle. (old)

c) Rome is .... than London. (hot)

d) Cars are .... than buses. (small)

e) Sparta was a good runner, but Trojan was .... (good)

f) Two pounds of apples are .... than three pounds. (cheap)

g) A big car is .... than a small car. (dear)

h) My brother is .... than me. (young)

2. Fügen Sie die Höchststufe der in Klammern angegebenen Eigenschaftswörter in die Sätze ein:

a) What is the biggest city in the world? (big)

b) Who is the .... man in the world? (old)

c) These are the .... apples in the market. (cheap)

d) These are the .... oranges in the market. (sweet)

e) Give me the .... apples, please. (ripe)

f) He is the .... driver I've seen. (bad)

3. Beantworten Sie folgende Fragen:

What is the best film you've seen?
What is the worst film you've seen?
What is the best book you've read?
What is the worst book you've read?
Which is the smallest room in your house?
Which is the biggest room in your house?

Wie sagt man, wenn man –

Liste der Zeitwörter

Hier sind die Zeitwörter aus den Lektionen 1–50 zusammengestellt. Einige davon haben Sie bereits gründlich geübt, andere sind Ihnen bisher nur in einem Dialog oder Song begegnet. Der Vollständigkeit halber sind sie hier alle mit je einem Beispiel aufgeführt.

Sehen Sie sich bitte noch einmal den Abschnitt „So wird's verständlich" in Lektion 48 an und erinnern Sie sich an das, was Sie über die Stammformen gelernt haben. Wenn Sie sich diese Formen (zwei bei den „regelmäßigen" und einigen „unregelmäßigen," drei bei den anderen „unregelmäßigen") fest einprägen, können Sie alle Zeitformen bilden. Lernen Sie daher bitte bei jedem Zeitwort, das Ihnen neu begegnet, gleich die Stammformen mit!

„Regelmäßige" Zeitwörter

Wie Sie wissen, wird die Endung *-ed* bei einigen [id], bei anderen [t] und wieder bei anderen [d] ausgesprochen. Die folgenden Zeitwörter sind dementsprechend in drei Gruppen eingeteilt:

[id]

count – counted	zählen	He's counting money (33)
hate – hated	hassen, nicht mögen	I hate walking (41)
inspect – inspected	prüfen, kontrollieren	I inspect tickets (37)
post – posted	zur Post geben	I want to post a letter (16)
shout – shouted	schreien	Stop shouting (42)
start – started	anfangen	Start thinking about today (41)
wait – waited	warten	Someone's waiting at the cinema (47)
want – wanted	wünschen	I want a large room (29)

[d]

argue – argued	(sich) streiten	Stop arguing! (41)
arrange – arranged	(sich) verabreden	We arranged to meet at four (12)
arrive – arrived	ankommen, eintreffen	Flight 726 has now arrived (11)
borrow – borrowed	(ent)leihen	I hate borrowing money (41)
breathe – breathed	atmen	Breathing the air (35)
carry – carried	tragen	Does he always carry the black bag? (32)
change – changed	wechseln	You're going to change your clothes (36)

clean – cleaned	säubern, putzen	I'm cleaning the windows (42)
close – closed	schließen	Last night I closed my door (40)
complain – complained	sich beklagen, sich beschweren	I want to complain (15)
dance – danced	tanzen	I want do dance (17)
disappear disappeared	verschwinden	My husband's disappeared! (47)
enjoy – enjoyed	genießen	We're enjoying the sun (14)
follow – followed	folgen	Are you following him? (28)
guess – guessed	raten	You must guess who it is (1)
happen – happened	geschehen	What happened? (48)
hurry – hurried	sich beeilen	Let's hurry (10)
listen – listened	zuhören	I'm listening to the radio (27)
move – moved	(sich) bewegen	The sun is moving through the sky (5)
open – opened	öffnen	I'm opening the box (27)
phone – phoned	telefonieren	Why didn't he phone? (47)
plan – planned	planen	We're planning a holiday (46)
play played	spielen	Let's play a game (1)
rain – rained	regnen	It always rains on Monday (37)
receive – received	empfangen, *Funk:* hören	Are you receiving me? (28)
remember – remembered	sich erinnern (an)	I can't remember (39)
serve – served	servieren, bedienen	We only serve lunch (9)
shave – shaved	(sich) rasieren	Hurry up and finish shaving (41)
show – showed	zeigen	Show me your ticket (37)
smile – smiled	lächeln	He's smiling at the day (28)
stay – stayed	bleiben	He doesn't want to stay (30)
travel – travelled	reisen, fahren	I travelled to work by train (40)
turn – turned	sich umdrehen, wenden	Turn right (17)
worry – worried	sich Sorgen machen	Stop worrying! (41)

[t]

ask – asked	fragen	Stop and ask someone (7)
book – booked	buchen, (Karten) kaufen	He wants to book some tickets (30)
cash – cashed	einlösen	I want to cash a cheque (16)

dash – dashed	rasen	The hands dash madly round the clock (49)
disembark – disembarked	aussteigen, von Bord gehen	Passengers are now disembarking (11)
finish – finished	beenden	Hurry up and finish shaving (41)
help – helped	helfen	Can I help you? (25)
jump – jumped	springen	He jumped carefully (49)
knock – knocked	klopfen	Let's knock (14)
laugh – laughed	lachen	I want to laugh (17)
like – liked	gern mögen	I like singing (41)
lock – locked	zuschließen	I locked the door (44)
look – looked	sich ansehen	Look at those bananas! (8)
pass – passed	vorübergehen	Time is quickly passing by (5)
race – raced	rennen	Time races quickly by (49)
smoke – smoked	rauchen	I smoked 50 cigarettes every day (40)
stop – stopped	anhalten, aufhören mit	Stop making that noise! (41)
talk – talked	sprechen	You want to talk to him (41)
type – typed	maschineschreiben	She's typing letters (33)
walk – walked	(zu Fuß) gehen	I walked down the street (44)
watch – watched	beobachten, sich ansehen	Are you watching the T.V.? (27)
work – worked	arbeiten	When I worked in an office (40)

Unregelmäßige Zeitwörter mit 2 Stammformen

buy – bought	kaufen	You didn't buy that picture (39)
catch – caught	erwischen	I want to catch a train (16)
creep – crept	kriechen	The hands creep wearily round the clock (49)
feel – felt	fühlen	You can't feel the breeze (22)
find – found	finden	How can I find a café? (17)
get – got	bekommen; gelangen	I got up at ten o'clock (39)
have – had	haben	I had breakfast at home (39)
hear – heard	hören	I heard a noise! (42)
keep – kept	(beibe)halten	Keep calm (47)
leave – left	verlassen	I left the house at nine (39)

lend – lent	verleihen	I hate lending money (41)
lose – lost	verlieren	I've lost my ticket (49)
make – made	machen	I'm going to make a record (41)
mean – meant	meinen	I mean, the exact time (20)
meet – met	(sich) begegnen	We met at a party (48)
pay – paid	bezahlen	If you pay for lunch (9)
put – put	setzen, stellen, legen	I put them in your handbag (44)
read – read	lesen	He's reading a book (28)
say – said	sagen	What did you say? (41)
sell – sold	verkaufen	I'm not selling tickets (37)
sit – sat	sitzen	I'm sitting in the kitchen (27)
sleep – slept	schlafen	We've overslept (42)
spend – spent	ausgeben	I spend a lot on cigarettes (35)
stand – stood	stehen	Stand up! (21)
tell – told	erzählen, sagen	Can you tell me your name? (15)
think – thought	denken	I'm thinking about you (27)
understand – understood	verstehen	I can't understand Japanese (22)

Unregelmäßige Zeitwörter mit 3 Stammformen

be – was – been	sein	We were all once children (38)
break – broke – broken	(zer)brechen	I've broken my arm (48)
come – came – come	kommen	Come in! (21)
do – did – done	tun	What are you doing today? (27)
drink – drank – drunk	trinken	I always drink black coffee (32)
drive – drove – driven	treiben, fahren	He drives to his office (32)
eat – ate – eaten	essen	I'm eating a sandwich (27)
fall – fell – fallen	fallen	We've fallen in love (48)
fly – flew – flown	fliegen	I'm going to fly away (37)
forget – forgot – forgotten	vergessen	I've forgotton my key (2)
give – gave – given	geben	Give me some cream (25)
go – went – gone	gehen	I went to the grocer's (39)
know – knew – known	wissen, kennen	I don't know (34)

ring – rang – rung	läuten	The phones are ringing (33)
run – ran – run	rennen, laufen	I don't want to run (29)
see – saw – seen	sehen	We've seen the Sahara (46)
sing – sang – sung	singen	I want to sing (2)
speak – spoke – spoken	sprechen	I can speak English (22)
swim – swam – swum	schwimmen	I'm going to swim (36)
take – took – taken	nehmen, bringen	Take Mr. Briggs away! (39)
throw – threw – thrown	werfen	Throw those cigarettes away! (35)
wear – wore – worn	tragen	He always wears a blue suit (33)
write – wrote – written	schreiben	Are you writing to Derek? (27)

Wörterverzeichnis

In diesem Wörterverzeichnis sind alle Wörter aus den Lektionen 1–50 in alphabetischer Reihenfolge aufgeführt. Die angegebenen Zahlen beziehen sich auf die Lektionen.

Und so benutzen Sie das Wörterverzeichnis richtig:

1. Stellen Sie fest, in welcher Lektion das gesuchte Wort vorkommt.
2. Suchen Sie das Wort in der angegebenen Lektion unter „So wird's verständlich" oder „Wörter und Wendungen" auf.
3. Stellen Sie die deutsche Bedeutung und die richtige Aussprache des englischen Wortes fest.
4. Suchen Sie das Wort in den Dialogen, dem Song oder den Übungen auf. Dort finden Sie Beispiele für die richtige Anwendung. Das ist sehr wichtig, denn Bedeutung und Aussprache allein genügen nicht, um ein Wort richtig anwenden zu können. Die Anwendungsbeispiele zeigen Ihnen den richtigen Gebrauch im Satzzusammenhang.

Bei zahlreichen Wörtern sind mehrere Lektionszahlen angegeben. Die erste davon gibt an, in welcher Lektion das betreffende Wort zum erstenmal vorkommt. Die weiteren Zahlen geben Ihnen die Möglichkeit, Beispiele für den Gebrauch des Wortes in anderem Zusammenhang zu finden.

Bei besonders wichtigen Wörtern und solchen, die in wichtigen Fügungen vorkommen, ist die Lektionszahl im Schrägdruck angegeben. In der betreffenden Lektion wird das Wort im Abschnitt „So wird's verständlich" besonders ausführlich behandelt.

Häufig tritt ein Wort bereits mehrmals auf, bevor es eingehender erläutert wird. Auf diese Weise sollen Sie sich an den richtigen Gebrauch des Wortes gewöhnen, bevor Sie eine „Regel" dafür kennenlernen. So erscheint zum Beispiel das Wort *any* in Lektion 5, 16, 23 und 24 unter „Wörter und Wendungen". In Lektion 25 ist es dann Hauptthema unter „So wird's verständlich" und wird genauer besprochen. Später taucht es noch in Lektion 26, 29, 30 und 50 auf. Der entsprechende Eintrag im Wörterverzeichnis sieht demnach so aus:

any 5, 16, 23, 24, *25*, 26, 29, 30, 50.

Schlüssel zu den Übungen

Die Beispielsätze aus den Übungen sind hier im *Schrägdruck* wiedergegeben.

Lektion 2

1. a) *Yes, I'm tired.* – b) Yes, I'm hungry. – c) Yes, I'm thirsty. – d) Yes, I'm happy.

Lektion 4

1. a) *He's Egyptian.* – b) He's English. – c) He's American. – d) She's German.
2. a) *Is he German? No, he's Egyptian.* – b) Is he American? No, he's English. – c) Is he English? No, he's American. – d) Is she Egyptian? No, she's German.
3. a) Yes, he's tired. – b) Yes, he's hungry. – c) Yes, she's thirsty. – d) Yes, I'm happy. – e) Yes, I'm English. – f) Yes, she's German. – g) Yes, I'm Egyptian. – h) Yes, he's John Smith.

Lektion 5

1. a) *What time is it? It's four o'clock.* – b) It's three o'clock. – c) It's five o'clock. – d) It's six o'clock. – e) It's one o'clock. – f) It's two o'clock.
2. a) is – b) am – c) are – d) is – e) am – f) is – g) Is – h) Is.
3. a) Are – b) Is – c) is – d) Am – e) Are.

Lektion 6

1. *What time is it? It's ten o'clock.* – b) It's eight o'clock. – c) It's eleven o'clock. – d) It's nine o'clock. – e) It's twelve o'clock. – f) It's seven o'clock.
4. a) Jack: What time is it? – b) Jill: It's late. It's eleven o'clock. – c) Jack: Are you tired? – d) Jill: Yes, Jack, I'm tired.

Lektion 7

1. a) are – b) is – c) am – d) is – e) are – f) is – g) is – h) are.
2. a) Is – b) Are – c) Is – d) Are – e) Am.
3. a) Man: How far are we from London Airport? Woman: Fifteen miles. We're fifteen miles from London Airport.
   b) Man: How far are we from Hyde Park? Woman: Four miles. We're four miles from Hyde Park.
   c) Man: How far are we from Oxford Street? Woman: Three miles. We're three miles from Oxford Street.
   d) Man: How far are we from Piccadilly Circus? Woman: Nineteen miles. We're nineteen miles from Piccadilly Circus.

Lektion 8

2. a) *Three fives are fifteen.* – b) Six fours are twenty-four. – c) Two nines are eighteen. – d) Eleven sixes are sixty-six. – e) Eight fives are forty.
4. a) *They're happy.* – b) They're English. – c) They're tired. – d) They're American. – e) They're hungry.

Lektion 9

1. *So am I.* – So am I. *usw.*
2. a) *What time is it? It's half past three.* – b) It's half past eight. – c) It's half past one.
3. a) *I want some tea.* – b) I want some coffee. – c) I want some lemonade. – d) I want four apples. – e) I want twelve bananas. – f) I want six oranges.

Lektion 10

1. a) *Eight pence and twenty pence. How much is that? Twenty-eight pence.* – b) Ten pence and twenty two pence. How much is that? Thirty-two pence. – c) Forty-one pence and thirty-six pence. How much is that? Seventy-seven pence. – d) Eighteen pence and fifty-one pence. How much is that? Sixty-nine pence.
2. a) *What time is it? It's three o'clock.* – b) It's half past three. – c) It's ten o'clock. – d) It's half past seven. – e) It's one o'clock. – f) It's half past six.
3. a) is/is/are – b) is/is/is – c) am/am/am/am – d) Are/am – e) is/am/am.
4. Jack: Hallo, Anne. – Anne: Hallo, Jack. – Jack: How are you? – Anne: I'm very well, thank you. How are you? – Jack: I'm very well too, thank you. – Anne: Are you thirsty? – Jack: Yes, I'm very thirsty. I want some tea. – Anne: Tea? Here you are.

Lektion 11

2. a) *I'm tired and I'm not very well.* – b) I'm cold and I'm hungry. – c) I'm hot and I'm thirsty.
4. a) *No, I'm not tired.* – b) No, I'm not English. – c) No, I'm not Mr. Smith. – d) No, I'm not hungry. – e) No, I'm not Yul Brynner. – f) No, I'm not cold.

Lektion 12

1. a) *It's three o'clock. It's not three o'clock. It's four o'clock.* – b) It's not six o'clock. It's nine o'clock. – c) It's not eight o'clock. It's twelve o'clock. – d) It's not half past eleven. It's half past three. – e) It's not half past nine. It's half past twelve. – f) It's not two o'clock. It's half past ten.
2. a) *He's not Swedish.* – b) They're not old. – c) She's not very well. – d) It's not cold.

   e) *He's not Italian. He's Egyptian.* – f) He's not Swedish. He's American. –g) He's not German. He's American. – h) She's not French. She's German.

   i) *No, I'm not Mr. Jackson. I'm (Mr. X).* – k) No, I'm not Australian. – l) I'm . . . – No, I'm not late. I'm early. – m) No, I'm not cold. I'm hot.

3. a) *It's three o'clock and we are early.* – b) It's midnight and I'm tired. – c) It's hot and Mike's thirsty. – d) It's very late and Anne's tired. – e) It's time for lunch and I'm hungry.

Lektion 13

1. a) *Where's John? He isn't here.* – b) Where's Hans? He isn't here. – c) Where's Mary? She isn't here. – d) Where's Anne? She isn't here. – e) Where's the taxi? It isn't here. – f) Where's the money? It isn't here.
2. a) *Where is he?* – b) Where is he? – c) Where is she? – d) Where is she? – e) Where is it? – f) Where is it?

Lektion 14

3. a) *Where are Mike and Anne? They aren't here. They are in the country.* – b) *Where is Mr. Smith? He isn't here. He is on holiday.* – c) Where's Mary? She isn't here. She is at the seaside. – d) Where are the oranges? They aren't here. They are in the taxi. – e) Where's my money? It isn't here. It is at home. – f) Where are Mr. and Mrs. Jones? They aren't here. They are in the country.
4. a) aren't – b) isn't – c) isn't – d) aren't – e) isn't – f) aren't.
5. a) No, they aren't (at home). – b) Yes, they are (on holiday). – c) No, they aren't (at the seaside). – d) They're in the country.

Lektion 15

1. a) *Can you tell me the time, please? It's quarter to twelve.* – b) It's quarter to four. – c) It's quarter past two – d) It's half past seven. – e) It's six o'clock. – f) It's quarter past eleven.
2. a) her/her – b) his/his – c) her/her – d) their/their – e) his/his.

Lektion 16

2. a) *I want to sleep.* – b) I want to drink. – c) I want to eat.
3. a) . . . *where's the post-office? Why? I want to post a letter.* –
   b) . . . where's the bank? Why? I want to cash a cheque. –
   c) . . . where's the bus-station? Why? I want to catch a bus. –
   d) . . . where's the railway-station? Why? I want to catch a train.
4. a) No, he isn't (at home). – b) No, he isn't (at the seaside). – c) No, he isn't (in the country). – d) He's in a strange town.

Lektion 17

2. a) *Go down the street, past the post-office, turn left at the corner, and it's on your right.* –
   b) Go down the street, past the park, turn left at the corner, and it's on your right. –

c) Go down the street, past the bus-station, turn right at the corner, and it's on your left.

d) Go down the street, past the police-station, turn left at the corner, and it's on your left.

3. a) *I want to post a letter.* – b) I want to cash a cheque. – c) I want to catch a bus. – d) I want to catch a train. – e) I want to catch a plane.
4. a) Yes, he is (thirsty). – b) Yes, he is (in the street). – c) Yes, he is (lost). – d) Yes, it is (closed).

Lektion 18

1. a) *Go up this street, and it's on your left.* – b) Go up this street, and it's on your right. – c) Go along this street, and it's on your left. – d) Go down this street, and it's on your left.
2. a) *It's 3 minutes by car.* – b) It's 5 minutes by bus. – c) It's 10 minutes on foot. – d) It's 2 minutes by taxi.

Lektion 19

1. *Sunday* – Monday – Tuesday – Wednesday – Thursday – Friday – Saturday.
2. a) *It's Monday. Monday the sixth.* – b) It's Wednesday. Wednesday the eighth. – c) It's Saturday. Saturday the seventeenth. – d) It's Thursday. Thursday the third. – e) It's Sunday. Sunday the ninth. – f) It's Friday. Friday the twenty-fourth.
3. a) *No, it isn't. It's Tuesday the fourteenth.* – b) No, it isn't. It's Sunday the ninth. – c) No, it isn't. It's Friday the first.

Lektion 20

1. b) Alan: How much is it? Assistant: It's about eleven pounds. Alan: No, I mean how much is it exactly? Assistant: It's exactly eleven pounds, nine pence.
2. a) *It's about ten past six. It's exactly twelve minutes past six.* – b) It's about twenty-five to ten. It's exactly twenty-six minutes to ten. – c) It's about three o'clock. It's exactly one minute to three. – d) It's about twenty past seven. It's exactly twenty-one minutes past seven.

Lektion 21

1. a) Go – b) Sit – c) Close – d) Open – e) Drink – f) Eat.
2. a) *Don't sit down.* – b) Don't come in. – c) Don't close your eyes. – d) Don't open your mouth. – e) Don't go away.
3. a) *Sit down.* – b) Eat (a sandwich). – c) Drink (some tea). – d) *Go to the bank.* – e) Go to the post-office. – f) Go to the bus-station.

Lektion 22

1. a) can't – b) can't – c) can't – d) can – e) can't – f) can – g) can't – h) can't.

Lektion 23

1. a) *We've got a nice house.* – b) I've got two sisters. – c) They've got some bananas. – d) You've got a nice car. – e) We've got one brother.
2. a) *Have you got any money?* – b) Have they got a nice house? – c) Have we got any coffee? – d) Have I got your key? – e) Have you got a car?

Lektion 24

1. a) Yes, he has. – b) No, he hasn't. – c) No, he hasn't. – d) Yes, he has. – e) Yes, he has. – f) Yes, he has. – g) No, he hasn't. – h) Yes, he has.
2. a) *He's got a big house.* – b) Mary's got two sisters. – c) John's got big eyes. – d) Anne's got some money. – e) The milkman's got some milk.
3. a) have – b) has – c) Have/have – d) have – e) Has/has – f) have.

Lektion 25

4. a) any – b) some/any – c) any – d) some/any – e) any.

Lektion 27

1. a) *I'm drinking some tea.* – b) I'm sitting in the kitchen. – c) I'm eating a sandwich. – d) I'm listening to the radio.
2. a) *Are you eating a pear? No, I'm not eating a pear. I'm eating an apple.* – b) Are you drinking tea? No, I'm not drinking tea. I'm drinking coffee. – c) Are you going to the post-office? No, I'm not going to the post-office. I'm going to the bank. – d) Are you writing a letter? No, I'm not writing a letter. I'm writing a cheque.

Lektion 28

1. a) *He's standing in the airport.* – b) He's following Mr. X. – c) He's wearing a blue jacket and blue trousers. – d) He's reading a book. – e) He's smoking a cigarette. – f) He's carrying a black bag.
2. a) *No, he isn't standing in a bank.* – b) No, he isn't following the boss. – c) No, he isn't wearing a black jacket. – d) No, he isn't writing a letter. – e) No, he isn't eating a banana.
3. a) Yes, he is. – b) Yes, he is. – c) No, he isn't. – d) Yes, he is. – e) No, he isn't.

Lektion 29

1. a) *I want a large room.* – b) I want a large window. – c) I want a red carpet. – d) I want a blue bed. – e) I want a white table. – f) I want a black door. – g) I want a green radio.
2. a) *I don't want a small room.* – b) I don't want a small window. – c) I don't want a blue carpet. – d) I don't want an orange door.

Lektion 30

1. a) *He wants a ticket.* – b) He wants a return ticket. – c) She wants a second-class return ticket. – d) She wants a second-class return ticket to London.
2. a) Yes, he does. – b) No, he doesn't. – c) No, he doesn't. – d) No, he doesn't. – e) Yes, he does.
3. a) do – b) do – c) does – d) do – e) does – f) Does.

Lektion 31

2. a) *Do you smoke?* – b) Do you drink alcohol? – c) Do you drink tea? – d) Do you eat any special food? – e) Do you get up early?

Lektion 32

1. a) *He gets up at five o'clock.* – b) He has breakfast at six (o'clock). – c) He leaves his house at nine (o'clock). – d) He leaves his office at four (o'clock). – e) He goes to bed at two (o'clock).
2. a) Yes, he does. – b) Yes, he does. – c) No, he doesn't. – d) Yes, he does. – e) No, he doesn't. – f) Yes, he does. – g) No, he doesn't. – h) No, he doesn't.
3. a) drinks – b) drink – c) eat – d) eats – e) read – f) reads.
4. a) Do – b) does – c) Does – d) do – e) Do – f) does.

Lektion 33

2. a) *Yes, he is.* – b) *Yes, they do.* – c) Yes, he does. – d) Yes, they are. – e) Yes, she is. – f) Yes, they do.
3. a) wears/is wearing – b) leaves/is leaving – c) is carrying – d) carries – e) goes – f) is driving.

Lektion 34

1. a) *Whose dog is this? It's John's.* – b) Whose car is this? It's Mary's. – c) Whose house is this? It's my father's. – d) Whose books are these? They're the doctor's. – e) Whose shoes are these? They're Mr. Brown's.
2. a) *Yes, it's mine.* – b) Yes, it's his. – c) Yes, they're hers. – d) Yes, they're his. – e) Yes, it's theirs.

Lektion 35

1. a) much – b) a lot of – c) many – d) much – e) a lot of.
2. a) a lot of/many – b) a lot of/many – c) a lot of/many – d) a lot of/much.
3. a) *Are there many . . . ? No, not many.* – b) Are there many . . . ? No, not many. – c) Is there much . . . ? No, not much. – d) Is there much . . . ? No, not much. – e) Are there many . . . ? No, not many.

Lektion 36

1. a) *When are you going to type the letters?* – b) When is he going to cash that cheque? – c) When are we going to have lunch? – d) When are they going to sing our song? – e) When is she going to stop smoking?
2. a) *Yes, he is.* – b) No, he isn't. – c) Yes, he is. – d) No, he isn't. – e) No, he isn't. – f) Yes, he is.

Lektion 38

1. a) It was on the wall. – b) He was in bed. – c) She was in the kitchen.
2. a) Yes, it was. – b) No, it wasn't. – c) Yes, he was. – d) No, he wasn't. – e) No, they weren't. – f) Yes, they were.
3. a) *Was . . . ? she wasn't/She was.* – b) Was . . . ? he wasn't/He was. – c) Were . . . ? they weren't/They were. – d) Were . . . ? I wasn't/I was.

Lektion 39

1. a) got up – b) had (or: ate) – c) left – d) came – e) went.
2. a) You didn't buy the picture, Alfie. – b) You didn't get up early, Alfie. – c) You didn't have breakfast at home, Alfie. – d) You didn't leave home at nine, Alfie. – e) You didn't go to the grocer's, Alfie.

Lektion 40

1. a) worked – b) typed/counted – c) travelled – d) carried – e) walked – f) smoked.
2. a) *Yesterday morning.* – b) Yesterday afternoon. – c) Yesterday evening. – d) Last night.
3. a) No, he didn't. – b) Yes, he did. – c) No, he didn't. – d) Yes, he did.

Lektion 41

1. a) He likes singing. – b) He hates talking to Mr. Jones. – c) She hates borrowing money. – d) He hates waiting and lending money and listening to records.
2. a) too much – b) too many – c) too much – d) too much.

Lektion 42

1. a) *There isn't anything in the box.* – b) There isn't anything in the bag. – c) There isn't anyone in the street. – d) There isn't anyone in the hotel. – e) There isn't anything in the case. – f) There isn't anyone in the restaurant.
2. a) someone – b) anyone – c) anyone – d) someone – f) anyone.

Lektion 43

1. a) There – b) it – c) it/It – d) there.
2. a) Mr. X: there – b) Miss S: There/there – c) Miss S: there – d) Mr. X: it – e) Miss S: is – f) Mr. X: it – g) Miss S: It.

Lektion 44

1. a) *The door? Of course I locked it.* – b) The bread? Of course I bought it. – c) The money? Of course I've got it. – d) The books? Of course I want them. – e) Mr. Smith? Of course I know him. – f) Mrs. Smith? Of course I know her.
2. a) *When did you buy . . . ?* – b) When did you type . . . ? – c) When did she read . . . ? – d) When did they book . . . ? – e) When did he count . . . ?
3. a) went (or: walked)/posted – b) had – c) sat (or: walked)/drank – d) went/listened/went.

Lektion 45

1. a) *I have opened the window.* – b) I have eaten them all. – c) They have gone out. – d) I have locked the door.
2. a) *Have you opened . . . ?* – b) Have you closed . . . ? – c) Have you locked . . . ? – d) Have you typed . . . ? – e) Have you posted . . . ? – f) Have you counted . . . ?
3. a) . . . *haven't opened* . . . b) . . . haven't eaten . . . – c) . . . haven't left . . . – d) . . . haven't closed . . . – e) . . . haven't come . . .

Lektion 46

1. a) *Have you been to . . . ?* – b) *Have you seen . . . ?* – c) Have you been to . . . ? – d) Have you been to . . . ? – e) Have you been to . . . ? – f) Have you seen . . . ? – g) Have you seen . . . ? – h) Have you seen . . . ?

Lektion 47

1. a) *Yes, he's gone to Paris.* – b) Yes, she's gone to Rome. – c) No, she hasn't gone to Morocco. – d) Yes, they've left England. – e) No, she hasn't come back. – f) No, they haven't seen the Pyramids.
2. a) *He's gone to . . .* – b) She's gone to . . . – c) They've gone to . . . – d) He's gone to . . .
3. a) . . . *has disappeared* . . . – b) . . . hasn't come . . . – c) . . . hasn't phoned . . . – d) . . . saw . . . – e) . . . left . . . – f) . . . have phoned . . . – g) . . . left . . . – h) . . . has broken . . .

Lektion 48

1. a) Have – b) did – c) Has – d) did – e) Did – f) Have.
2. a) *hasn't seen/saw* – b) hasn't come/came – c) hasn't broken/broke – d) hasn't been/was – e) haven't gone/went.
3. a) *is* – b) has – c) has – d) is – e) is – f) has.

Lektion 49

1. a) *carelessly* – b) slowly – c) badly – d) sadly.
2. a) *happily* – b) thirstily – c) hungrily – d) carefully.

Lektion 50

1. a) *bigger* – b) older – c) hotter – d) smaller – e) better – f) cheaper – g) dearer – h) younger.
2. a) *biggest* – b) oldest – c) cheapest – d) sweetest – e) ripest – f) worst.